中公新書 2571

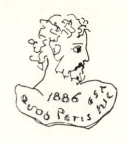

後藤健太著

アジア経済とは何か

躍進のダイナミズムと日本の活路

中央公論新社刊

まえがき

21世紀に入って、アジア経済が大きく変貌し始めた。国々を分ける国境線が溶解し始め、多様な言語や文化、政治体制や生態系をも内包しつつ、そこで暮らす人々や企業などを融合しながら自律的に拡大している様子は、あたかも巨大な生き物のようである。今やアジアはあらゆる境界を越える形で実体経済がつながり、これまでの過去との連続性からは想像できないような未来に向けて、ダイナミックに動き出している。この大きなうねりの中で、今日本は重要な転換点に差し掛かっている。アジアの国々を訪ねる度に、この思いは強まるばかりである。

こうした新しいアジアの時代は、非常にエキサイティングである。しかし同時に、舵取《かじと》りを誤ってしまうと、日本の立ち位置が大きく後退する危険性もはらんでいる。本書は、21世紀に入ってから見られるようになったアジア経済の新しいダイナミズムと、日本の発展のための課題と可能性を明らかにすることを目的としている。その中でも特に次の二つの側面に注目する。

第一に、地域を広範にまたぐ国際的な生産分業体制、すなわちグローバル・バリューチェーンの展開である。そして第二に、これまで「発展途上国」として捉えられてきた中所得国の台頭によるアジア経済の多極化である。この二つの側面について、本書がとる視座を紹介する意味でも、ここで簡単に触れておきたい。なお、本書で対象とするアジアとは、主に東南アジア諸国連合(ASEAN)の国々および日本、韓国、台湾と中国を含む東・東南アジア地域を指す。その理由は、経済的なつながりが、これらの地域・国々の間でとりわけ深いからである。

まずは第一の側面についてである。21世紀のアジア経済は、間違いなくグローバル・バリューチェーンの時代である。私たちが日頃の生活の中で使っている多くの製品は、複数の国々の企業を含んだ生産ネットワークによって作り出されている。世界中で使われているアップル社のスマートフォンであるiPhoneを例に考えてみよう。筆者の手元にあるiPhone 5sの裏側を見てみると、そこには「Designed by Apple in California Assembled in China」と印字されている。「カリフォルニアのアップル社でデザインされ、中国で組み立てられた」ということの表現は、iPhoneを動かす各種部品をその本体に組み込んだのは中国にある工場だが、これまで世に存在しなかったアイデアで斬新なデザインを持つ全く新しい製品を想起し、市場を作ったのはアメリカのカリフォルニア州にあるアップル社である、と表明しているのである。実際にiPhoneを動かすイメージセンサーやフラッシュメモリー、小型モーターなどの基幹部品には日本やドイツ、アメリカといった国々の企業のものが多い。iPhoneは、いってみれば多国籍軍のような生産体制の下で作られているのである。

日本はかつて、先進的な技術を欧米から積極的に取り入れ、改善を加えながら工業分野における競争力を高め、工業大国への道を歩んできた。その優れた工業製品は、生産の大部分が日本国内で担われていたことから、まさに「Made in Japan」だった。しかしiPhoneの事例が物語るように、今やほとんどの工業製品はグローバル・バリューチェーンの中で作られており、その展開は特にアジアで顕著である。こうした時代においては、他国の企業といかに効率的な生産ネットワークを築くことができるかが、競争力の鍵《かぎ》となる。このような21世紀のアジア経済を生き抜くためには、20世紀までとは異なる戦略的視点が必要となる。

第二の側面、つまり中所得国の台頭によるアジア経済の多極化についても少し触れておこう。20世紀のアジアの経済秩序は日本が形成し、展開してきた。しかし21世紀に入ると日本以外のアジア企業のプレゼンスが高まり、その役割が増大している。今やアジアの経済秩序は日本一極体制から多極化に向けて急速に変容し始めている。

戦後の日本経済の著しい経済発展については、今さらここで強調する必要もないだろう。

戦後間もないころの日本は極度の物不足や高インフレに悩まされ、なかなか発展への道筋が見えなかった。ところが1950年代に入ると朝鮮戦争による特需景気にも刺激され、欧米市場（とりわけアメリカ）向けの輸出を通じて世界経済に復帰し、内需も徐々に拡大した。この時代に高度成長の軌道に乗り始めた日本が、その後のアジア域内の発展を牽引《けんいん》するようになる。戦後20世紀のアジア経済において、日本はまさにリーダー的な役割を果たしてきたのである。

しかし21世紀に入ると、アジア経済における日本以外の国々の存在感が高まり、日本が単独でリーダーシップを発揮するような時代は終わりを告げた。その要因には次の二つがあげられる。第一にアジアの国々が豊かになってきたことでその国内市場が拡大し、地場企業が台頭するようになったという点。そして第二に、ものづくりのあり方が大きく変化したことを背景に、こうしたアジアの企業が新しい比較優位分野を築いたり、イノベーションをリードしたりすることで、バリューチェーンを主導するようになったという点である。

第一の点については、アジア各国の著しい経済成長の下、購買力を持つ中間層が出現したことが大きい。これまでアジアは低賃金をベースに、競争力のある生産拠点として捉えられてきた。しかしここに来て、その市場の持つポテンシャルに注目が集まるようになった。そうした消費市場の拡大は、アジアの都市部が牽引している。

21世紀に入ると、都市化が世界レベルで進展していることが指摘されるようになったが、この傾向はとりわけアジアで顕著である。都市はグローバル・バリューチェーンの主要な結節点として重要な機能を担うようになり、多くの富を生み出すようになった。実際に、アジアの国々の首位都市（通常は首都）で暮らす人たちの生活様式は、その国の地方よりもむしろ先進国の大都市に似ている。タイのバンコクで暮らす人々のライフスタイルは、その農村部よりも、シンガポールや東京、ソウルに近いのである。これがアジア各国で都市・農村間の所得格差を生む一つの理由にもなっている。いずれにせよ、こうした都市部を中心に広がる現地消費市場の拡大は、内需向けビジネスの可能性を大幅に高めた。しかしそのビジネスは、市場情報の入手や流通・物流ネットワークの構築などに利のある現地企業がリードしていることが多い。近年の高度成長によってもたらされたアジアの国々の市場の拡大と購買力旺盛《おうせい》な中間層の出現。そして、これに伴う地場企業の台頭。これが多極化の一つ目の要因である。

第二の、ものづくりのあり方が大きく変化した点については、分野によっては日本企業がアジアの企業に追い越され始めたことが象徴的である。最近の日本の家電業界の苦戦が代表的な事例だろう。こうした現象の背景には、90年代後半から多くの産業において、デジタル化などいくつかの重要な技術革新を伴って、その生産方式や産業構造が大きく変化したことがある。その中でも、ものづくりのあり方が、これまで日本企業が得意としてきた「擦《す》り合わせ（インテグラル）型」から、アジアの新興企業が新たに参入しやすい「組み合わせ（モジュラー）型」へとシフトしたことが重要である。これまで、安い労働力を武器にバリューチェーンにつながっていたアジアの企業だったが、より高度で付加価値の高い工程や機能を担うようにもなった。

例えば、世界の液晶テレビ市場を作り出し、牽引してきたのは日本の企業だった。90年代の終わりにシャープが汎用《はんよう》液晶テレビを発売し、市場が本格展開する。それまでのテレビづくりは、家電メーカーが技術を部品サプライヤーとの緊密な協力関係の中で開発し、磨き上げて実用化することで成り立っていた。そうした技術の蓄積が社内に必要だったのである。これが「擦り合わせ型」ものづくりである。しかしデジタル化が進むと、これまで特定の企業の中にしかなかった技術や知識が、部品そのものの中に盛り込まれて共通部品化されるようになった。そして、あたかも組み立て玩具のレゴ・ブロックのように共通化した部品を組み合わせることで、そうした技術を持っていない企業でも、液晶テレビを含む様々な工業製品を作ることができるようになったのである。これが「組み合わせ型」ものづくりである。アクオスというブランドで液晶テレビ市場を形成し、業界をリードしてきたシャープだったが、その投入から20年も経たないうちに経営危機に陥り、２０１６年に台湾の鴻海《ホンハイ》精密工業の傘下に入って再生の道を歩み始めた。この新しい産業ダイナミズムを如実に示す一例である。

また、こうしたものづくりのあり方の変化は、アジア発のイノベーションも喚起した。例えば、最近の電子・電器産業における中国企業の躍進には目覚ましいものがある。それまで安い労働力を武器にバリューチェーンにつながっていた中所得国アジアの企業が、より高度で付加価値の高い機能も担うようになった。またイノベーションといえば、最近各種メディアでも取り上げられている中国・広東《カントン》省の深圳《しんせん》市の新興企業の事例が、特に広く知られているかもしれない。例えば深圳に本社を構えるDJI社は、無人航空機（ドローン）の製造企業である。その設立は2006年と比較的最近だが、すでに民生用ドローンで世界市場の70％以上を占めており、さらに成長を続けている。また情報通信技術（ICT）を活用した「デジタル経済」分野における新しいビジネスの興隆も、中国を筆頭に著しい。

DJI社のような新興企業（企業価値が10億ドル以上で、上場していない「ユニコーン企業」も含めて）が深圳に数多く生まれている理由は、デジタル技術をベースにした裾野の広いものづくり体制と、異業種企業が有機的につながる生態系のようなネットワーク、いわゆるイノベーション・エコシステムがうまく機能しているからである。今やこうしたイノベーションの最先端の場が、日本以外のアジアでも興っている。

かつてアジアの経済秩序の形成をリードしてきた日本が、今度はアジアの企業がリードするバリューチェーンの中で、「なくてはならないパートナー」というポジションをどのように築くのか。あるいは、アジアの企業が多く参画するエコシステムに、どのような戦略で接続していくのか。いずれも日本が一方的にアジアを「選んでいた」時代から、日本がパートナーとしてアジアから「選ばれる」必要がある時代になったことで直面するようになった、新しい課題である。このまま日本は「茹《ゆ》でガエル」となって静かに没落していくのか。あるいは環境変化の目まぐるしいアジア経済の中で、新たな戦略軸を持って未来を切り拓いていくのか。冒頭で述べたように、今まさに日本は重要な転換点に差し掛かっている。

本書では、このような文脈で21世紀のアジア経済を捉え、そのダイナミズムを明らかにする。その特徴を際立たせるためにも、まずは世界で最も貧しいと称された第二次世界大戦後のアジアにまで遡《さかのぼ》り、その歩みを簡単に辿《たど》ることから始める。発展途上のアジアの課題は何だったのか。日本を中心とした「雁行《がんこう》形態」型発展パターンが、いかにして20世紀のアジア経済を形作ったのか。戦後の世界経済を特徴づける自由貿易体制の推進と経済統合の流れの中にあって、アジアの特徴はどこにあったのか。そして日本を含むアジア経済を取り巻く経済・技術的環境の変化が、こうした20世紀のダイナミズムをいかに21世紀に橋渡し、変容させたのか。こういった問題を振り返って現在のアジア経済に迫りたい。

多極化時代におけるアジア経済は、もはや日本だけが形作るものではない。時間軸を遡り、その時々のアジア経済の姿を今日のそれと対比させることで初めて、私たちはアジアと日本を取り巻くこの大きな変化に気付くことができる。その際、一国ベースの視点から離れ、国の枠組みを超えてアジア全体に広がる国際経済環境と技術的変化、さらにそれがもたらす影響に注目することが重要となる。

また、本書では21世紀のアジア経済が直面する新たな課題にも目を向ける。21世紀は高成長を実現し、世界をリードする輝かしい「アジアの世紀」である。しかし他方、先進国とは異なる「発展途上国」の側面が根強く残っているのも事実である。このはざまで生まれた課題の出現に戸惑う姿もまた、アジア経済の現実である。

21世紀のアジア経済は、異なる種類のダイナミズムが複雑に絡みあい、勢いを増しながら次々と新しい展開を見せている。それは単線的な視野で、簡単に総括できるようなものではない。このような新しいアジア経済のダイナミズムを前にした私たちは、どのように「アジアの時代」を生き抜き、未来を切り拓いていくのか。本書では、こうした視点からも考えをめぐらせてみたい。

目次

第2章　アジアの21世紀はいかに形成されたか……53

図表作成：ケー・アイ・プランニング

アジア地図

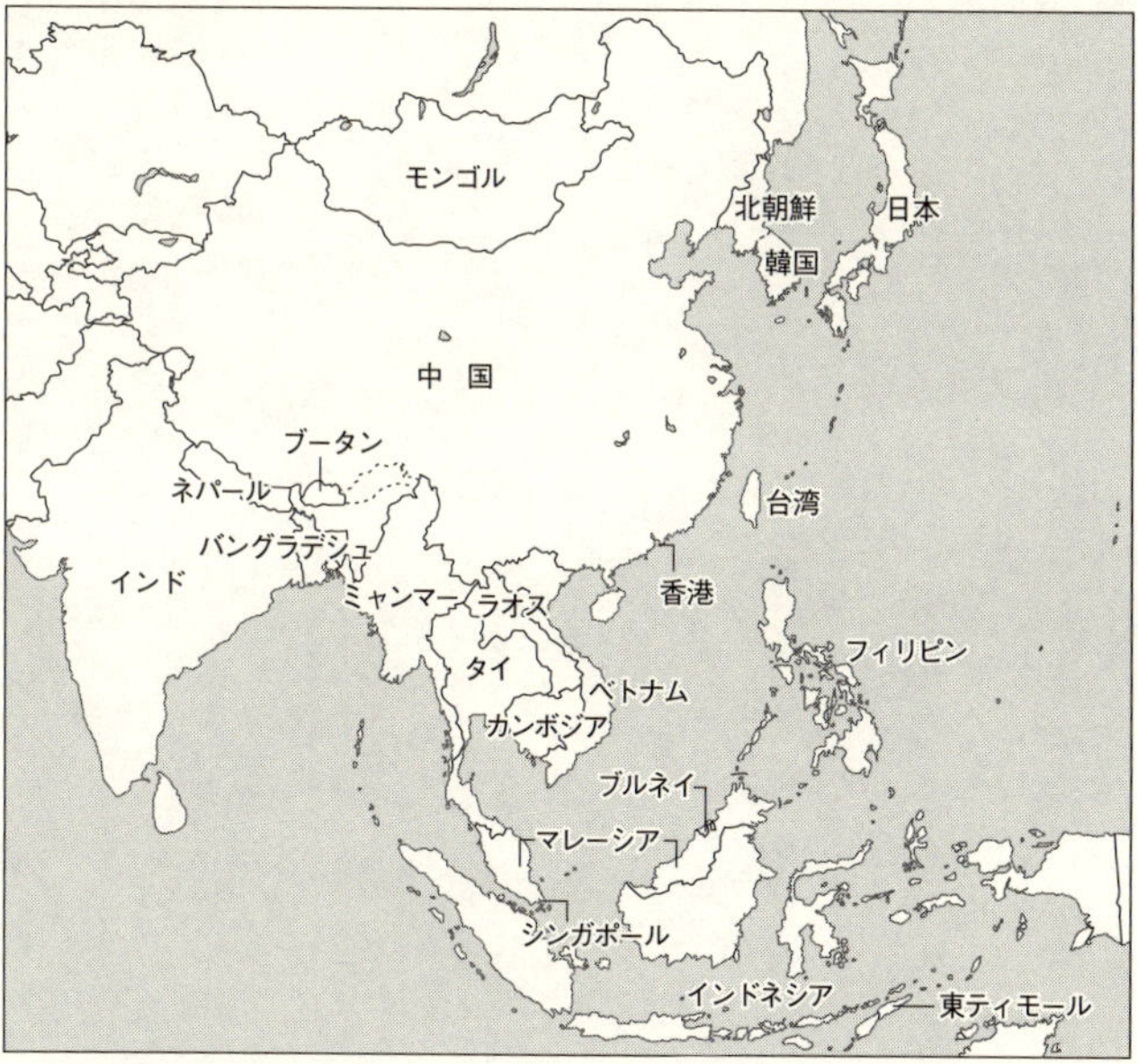

註：本書が対象とするアジアは、東アジア（日本、韓国、台湾、中国、香港、マカオ）とASEAN（シンガポール、マレーシア、タイ、インドネシア、フィリピン、ベトナム、カンボジア、ラオス、ミャンマー、ブルネイ）
出所：遠藤環・伊藤亜聖・大泉啓一郎・後藤健太編『現代アジア経済論』有斐閣より作成

アジア経済とは何か

躍進のダイナミズムと日本の活路

凡例

本書の数値は、適宜四捨五入を行っている。そのため、合計値が100%にならないようなケースがある。

また、本書で利用した各種データベースの数値は、定期的に更新されるため、アクセス時期により、わずかな誤差が生じる可能性がある。

第1章　「日本一極」の20世紀

1　日本の戦後復興と高度成長

「アジア」とはどこか

アジア経済が、国境を越えて一つになり始めている。21世紀の日本もこのアジアのダイナミズムによって形づくられ、また大きく変化しようとしている。私たちはその中で、新たな戦略軸で未来を見据え、切り拓いていかなければならない。本書は、こうした問題意識から出発している。

本書が対象とするアジアはタイやベトナム、シンガポールなど東南アジア諸国連合（ASEAN）加盟の10ヵ国、中国（香港《ホンコン》・マカオ含む）、台湾、韓国、そして日本である。アジアの範囲といえば、他にもモンゴルや北朝鮮、そしてバングラデシュやインド等の南アジア、さらにはウズベキスタンやカザフスタンの中央アジア、イランなど西アジアの国々を含めることもできよう。実際、アジア経済について語る場合、近年の経済成長が著しく、中国と並ぶ人口大国であるインドを扱わないことは、重大な欠落かもしれない。それにもかかわらず本書でアジアをこのように限定するのは、アジアで起こっている経済統合という本書の中心的テーマが、日本を含めたこの地域を中心に進んでいるからである。

21世紀のアジア経済を理解するために、本章ではまず、それを形作ってきた20世紀に遡ることから始めよう。ここでは、戦後アジアの経済発展をリードしてきた日本に軸足を置きながら振り返ってみたい。

冷戦世界と「熱戦」アジア

20世紀後半のアジア経済の発展は、日本が主導した。その経済パフォーマンスは、後に「東アジアの奇跡」と称賛されるほど、類稀《たぐいまれ》なものだった。20世紀が終わろうとするころには、アジアは「世界の工場」として不動の地位を確立し、その発展ダイナミズムの中心にはいつも日本がいた。しかし、このようなアジアの姿を、第二次世界大戦が終わった時点で予想できた人は、ほとんどいなかったのではないだろうか。

戦後間もないころのアジアは、混乱と貧困がくすぶる地域として世界から認識されていた。そして時には「アジア的停滞」という、一種の諦めにも似た決定論的ニュアンスを持つ言葉で語られたりもした。実際に戦争によって多くの経済・産業基盤が破壊され、文字通り廃墟《はいきょ》となったところも少なくなかった。しかし当時のアジアにとっては、経済インフラの立て直しとその後の発展に傾注する前に、片づけるべき大きな問題があった。いわゆる「民族自決」問題である。

今日のアジアの国々の多くは戦前、植民地だった。そこで暮らす人々にとって、より喫緊の課題は、そうした搾取《さくしゅ》的な体制から脱却し、独立を勝ち取ることだったのである。フランスからの独立と、その後の抗米戦争と国家統一への長く苦しい戦いに向けて、当時の北ベトナムのホー・チ・ミン主席が国民に語った「独立と自由ほど尊いものはない」という言葉は、植民地支配を長い間受けてきた人たちの希求をいみじくも象徴している。アジアの戦後は、ナショナリズムが発露した時代でもあった。

独立のための闘争は、米ソ対立を背景に世界を二分した冷戦構造の緊張が顕在化するタイミングで、世界の各所で勃発《ぼっぱつ》した。朝鮮半島やインドシナなどに見られたように、特に早い段階で大規模に先鋭化したのがアジアであった。また国家統一に向けた政治体制をめぐって、国内情勢が混乱した国もあった。例えば戦争が終結した中国では、共産党と国民党が激しく対立し、内戦に発展した。この内戦は1949年に大陸で共産党政権が成立するまで続き、多くの犠牲者を生んだ。「冷戦」下の世界において、アジアでは実弾が飛び交う「熱戦」が繰り広げられていたのである。

貧困と停滞のアジア

この時代に書かれたアジア経済に関する書物をいくつか紐解《ひもと》いてみると、今のアジア観にはない悲観的なトーンが支配的であることに気付くだろう。めでたく独立を勝ち取った国々でも、将来の経済発展のためには、植民地期に押し付けられた収奪構造と従属的立場からの脱却が最大の課題と認識されていたのである。そして、それには大きな困難を伴うことも強調されている。さらに、自立した「真の近代化」を阻んでいるのが、アジア特有の伝統的な社会構造であるという。こういった、停滞論的な暗い見通しが時代の通説をなしていることに、ある種の新鮮な驚きを禁じ得ない。例えば1954年に出版された大来佐武郎《おおきたさぶろう》と原覚天《かくてん》による『アジア経済図説』で、著者らは次のように述べている（新字に改めた）。

アジアの問題には二つの大きな観点がある。その一つは新しい時代の息吹の下に古い社会が依然として存在するという事実であり、他の一つはその停滞的な古い伝統社会を抜け出そうとする新たな具体的行動である。（中略）アジアでは各国とも経済開発を計画し、遅れた経済社会の構造から抜け出すことに大きな希望をかけている。ところが社会基盤は依然としてアジア的伝統を保持し続けており、そのことが経済的進歩の大きな障碍となっている。

このような混乱と貧困、そして停滞のアジアがその後驚異的な成長を遂げ、20世紀が終わろうとするころには世界の成長センターとなり、北米とヨーロッパにならぶ経済圏にまで成長した。アジアのこの急成長が必然でないことは、戦後同様な立ち位置にあり、いまだうまく経済的離陸ができていない国が多いアフリカや南・西アジア、さらにはラテンアメリカを見れば明らかである。半世紀の間に欧米に並ぶほどまでに上り詰めたアジアの経済成長は、特筆に値するのである。そしてその底流には日本の主導的役割があった。本章では、この戦後アジアの経済発展の過程を、日本との関連に焦点を当てながら振り返ってみよう。

日本の主権回復と戦後復興

日本の戦後は、連合国による統治からスタートした。この占領体制は、1952年にサンフランシスコ講和条約が発効するまで続いた。日本が世界経済へ本格復帰し、高度成長に向かって動き始めたのは、この主権を回復する前後からである。戦後世界を覆った冷戦構造におけるアメリカの地政学的関心が、日本のその後の発展を大きく左右したのである。

戦後間もないころの日本は、極度の物資・資源不足による生産停滞とインフレに悩まされていた。生産停滞については、1946年の鉱工業生産指数が、戦前（1932〜36年）を100とした場合、たったの33・1にとどまっていたし、インフレについても、卸売物価指数と小売物価指数が1945年から49年にかけてそれぞれ60倍と79倍になるなどした（橋本・長谷川・宮島・齊藤、2011）。この二つの問題は、実物経済の供給制約と過剰な通貨供給の相互作用による循環的な問題だった。これに終止符を打ち、マクロ経済の安定に一定の見通しをもたらしたのが、アメリカのドッジ・ラインと呼ばれる諸政策である。この政策は、第一に財政の均衡化、第二にインフレのコントロール、そして第三に補助金の削減と廃止をその中心的な目的としていた（中村、1993）。

マクロ経済が安定し始めた50年代前半以降、日本は高度成長時代に突入していく。このころの日本の工業部門の国際競争力を急速に高めたのが、欧米の先進的技術の積極的な導入であった。後にアジアの工業化に寄与することとなる日本からの技術移転と同じ仕組みである。そして1960年には池田内閣が、次の10年間で日本の所得を倍増させるという「国民所得倍増計画」を閣議決定した。

ちなみに、国民所得などを表す指標には「名目」指数と「実質」指数がある。本書ではこれらの概念がしばしば登場するので、念のためにその意味を少し整理しておこう。名目指数とはその時々の物価水準でものごとを測った指数であり、実質指数は物価をある基準年に固定し、それに基づいて計測された指数である。前者と後者の違いは、後者が物価水準の変動による指数の「ブレ」を取り除いたもの、という点にある。

例えば、昨年１００万円だった人の年収が今年１１０万円になったとしよう。これは名目的な年収の増加である。ただし、物価も同期間で10％上昇したとする。つまり、昨年１００万円で購入できたものが、今年は１１０万円に値上がりしたということである。この場合、この人が今年の年収１１０万円で実際に購入することのできる財やサービスの量は、年収（と物価）が上がる前の昨年と全く同じだから、「実質」的に年収は昨年と同じである、といえる。つまり、年収の名目成長率は10％だが、実質成長率は０％、ということになる。

これらの指数は、その目的に応じて使い分けることが大切となるが、時系列で一国の経済成長を実物ベースで評価したい場合には、実質指数が使われることが一般的である。この池田内閣による国民所得倍増計画も、「実質」所得（実質国民総生産）の倍増を目指したものであった。

ＧＤＰに見る日本の高度成長

ここで日本の60年代以降の経済パフォーマンスを、アメリカ、イギリス、フランス、ドイツと中国の5ヵ国と比較してみよう。図表1-1aは国内総生産（ＧＤＰ、名目）の推移である。１９６１年における日本のＧＤＰは５３５億ドルであり、イギリスの７６７億ドル（日本の１・４倍）、フランスの６８３億ドル（日本の１・３倍）より低く、中国の５０１億ドルとほぼ同じだった。ここで目立つのはやはりアメリカのＧＤＰが５６３３億ドル（日本の10・5倍）と突出している点であろう。

１９６０年代の日本経済の成長パフォーマンスに焦点を当てるため、61年から70年までのＧＤＰの推移を中国、フランス、イギリス3ヵ国のそれと比較したのが図表1-1bである（ドイツの当該期間のＧＤＰデータがないため、入っていない）。これによれば、日本のＧＤＰは１９７０年には２１２６億ドルとなり、イギリスの１３０７億ドル（日本の０・６倍）、フランスの１４８５億ドル（日本の０・7倍）、そして中国の９２６億ドル（日本の０・44倍）を大きく引き離すまでに成長したことがわかる。１９６５年から70年にかけて、日本は20世紀最長の好景気「いざなぎ景気」を記録し、また１９６7年にはフランスのＧＤＰを抜いて、アメリカに次いで世界第2位の経済規模（ソ連を除く）を誇るようになった。この10年間で日本の名目ＧＤＰは4倍に、そして実質でも2・2倍となったのである。

図表 1-1a　主要国のGDP推移の比較

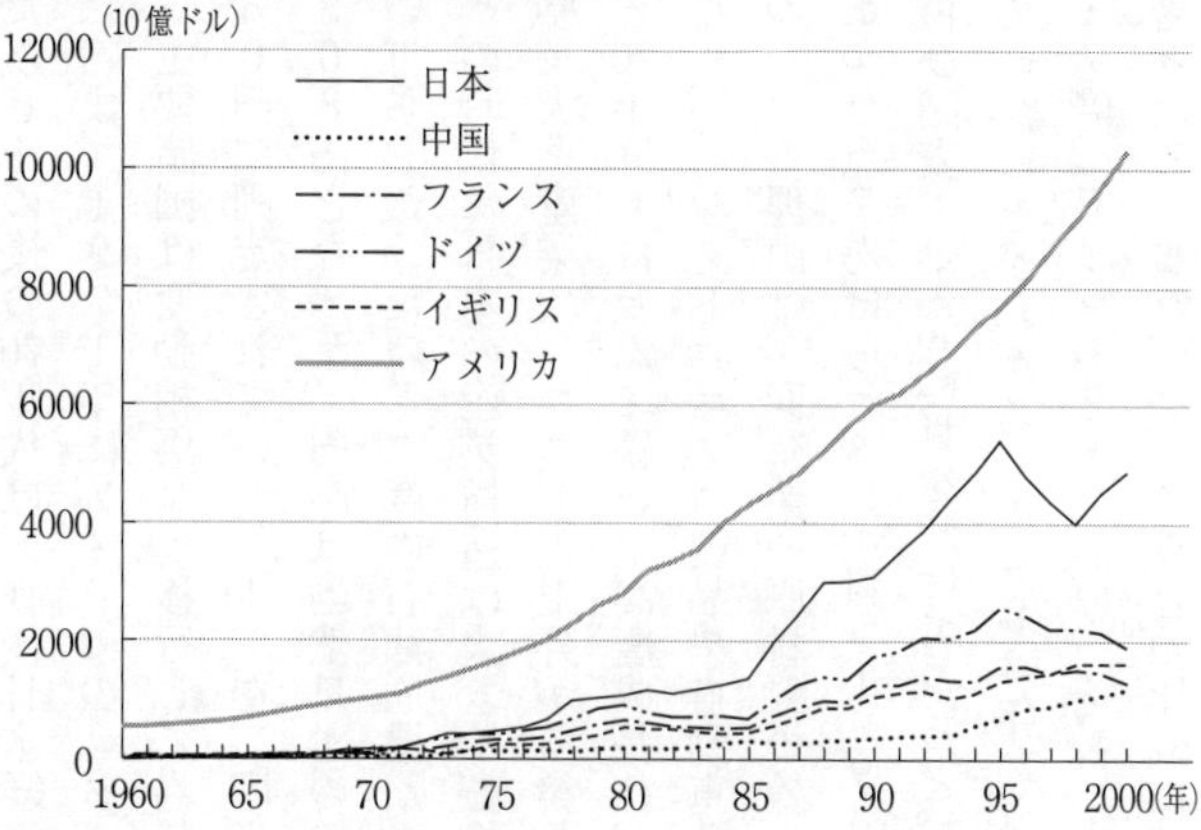

図表 1-1b　主要国のGDP推移の比較（1960～70年、アメリカ・ドイツ抜き）

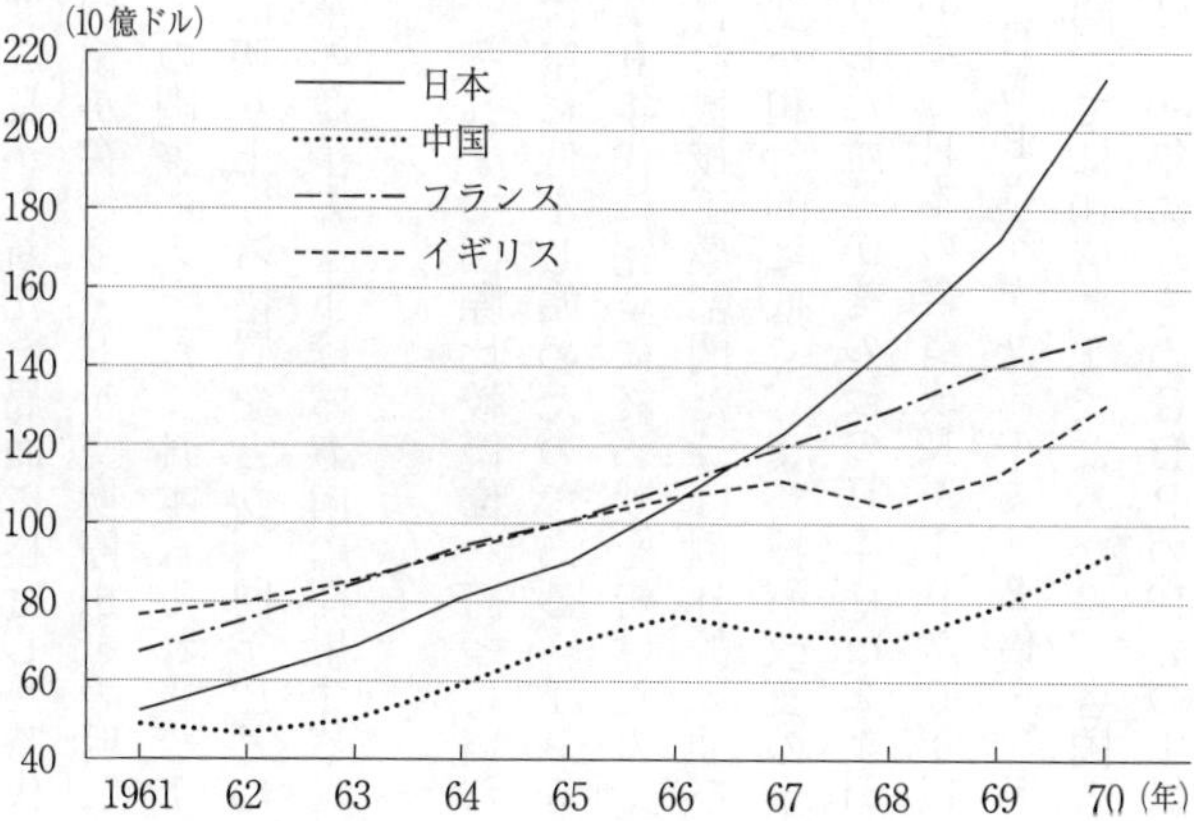

註：統一以前のドイツのデータは、西ドイツの数値に東ドイツの推計値を加えたもの

出所：World Development Indicators（World Bank）より筆者作成

ただしその後の70年代は、戦後日本経済が高度成長から新たな局面に移行した時代でもあった。まず1971年にアメリカのニクソン大統領が突然金・ドル交換停止を表明したことで、主要諸国は変動相場制へ移行して為替レートの調整に入った。日本もそれまで1ドル＝360円に固定されていたレートを、円高方向に切り上げる措置をとり、同年12月にはそれが308円となった。円高は当然日本の輸出企業の競争力を下げる方向に作用する。これに追い打ちをかけたのが二度の石油危機だった。

この時代に日本の産業構造は大きく転換した。それまで国際比較優位を誇っていた多くの重厚長大型産業で、コストの上昇から競争力が次第に低下し始めたのである。1950年代から20年近くに及んで続いた高度成長は、1970年代に完全に終わりを告げたのであった。ただし、エレクトロニクス製品や自動車などを含む機械工業部門だけは例外的に伸び続けた。その一つの理由は、同産業の原材料の輸入依存度が相対的に低く、また技術改良の余地が大きかった点があげられる（中村、1993）。こうした産業がその後の日本経済を牽引した。

再び図表1-1aに目を向けてみると、長期的には日本の経済成長が1970年以降も続いていたことがわかる。1993年には日本のGDPはイギリスの4・2倍、フランスの3・7倍、ドイツの2・2倍に、そして中国に関しては10倍にまでなるなど、各国との差も顕著となる。また、アメリカとの比較においては、60年にはそのGDPの10分の1以下だったのが、93年には3分の2程度にまで追いついた。

日本が経済大国として台頭し始めた70年代半ばからバブルが崩壊する90年代初頭にかけての世界の日本に対する認識を象徴しているのが、当時ハーバード大学教授だったエズラ・F・ヴォーゲル（Ezra F. Vogel）が1979年に世に問うた『ジャパン アズ ナンバーワン』（*Japan as Number One: Lessons for America*）という本であろう。同書で彼は「先進民主主義工業諸国の中で、日本は唯一の非西欧国」とし、先進西欧諸国の工業化を支えてきた種々の制度を、日本がいかにして独自の伝統と融合させながら高度な経済成長を実現したかを分析した。さらに、その過程でポスト工業化に伴って発生する諸課題にもうまく対処してきた点にも注目した。そのうえで、そうした日本の経験からアメリカは大いに学ぶべきであるとしている。同書は世界中で広く読まれ、日本でもベストセラーとなった。

一人当たりGDPの変遷

ある国に住む人々の平均的な生活水準やその変化を見たい場合、国全体のGDPではなく、それを人口で割った「一人当たりGDP」とその推移を参考にすることが普通である。国力を示すGDPが大きくなったとしても、その成長率よりも人口の増加率のほうが高い場合、一人当たりGDPはむしろ減少してしまうからである。

図表1-2a　1人当たりGDP（名目）

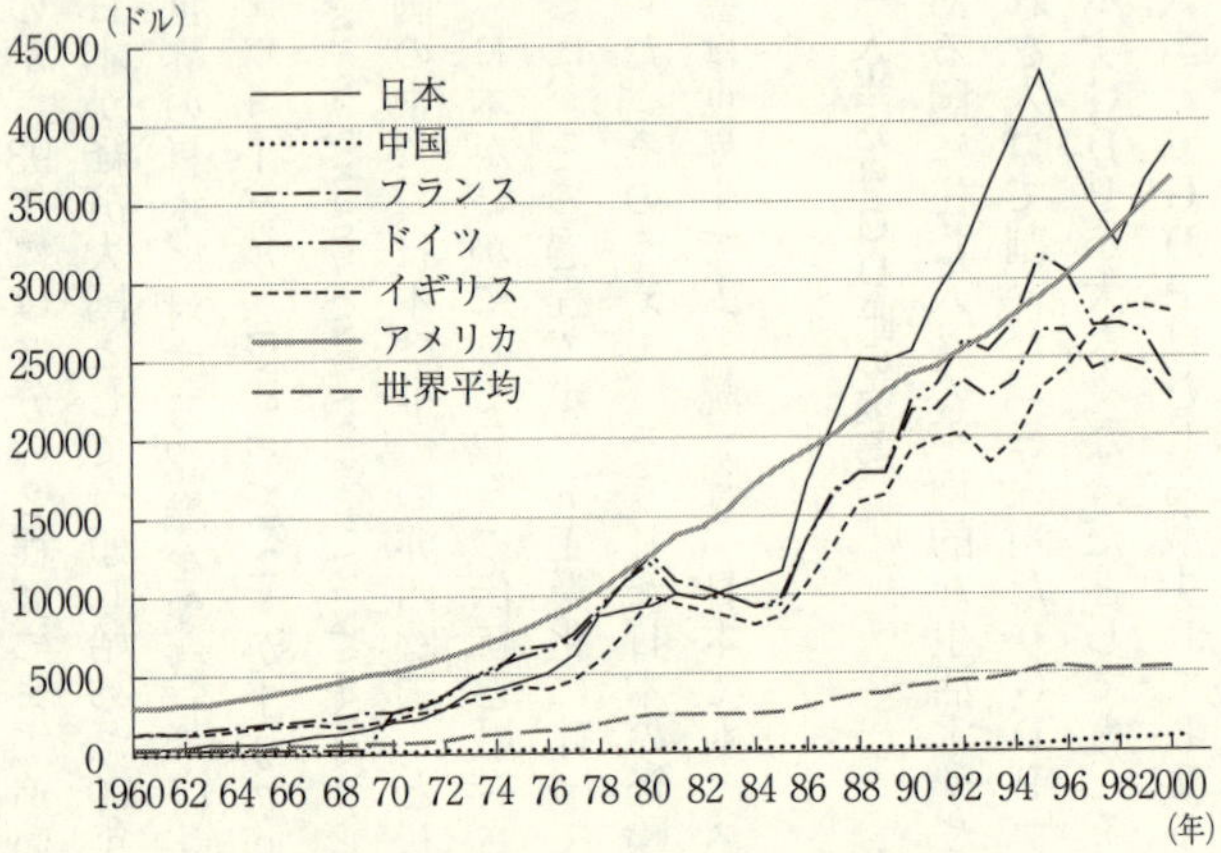

出所：World Development Indicators（World Bank）より筆者作成

アジアでは人口動態が常に中心的な政策的関心事項の一つであった。戦後間もないころの大きな課題の一つに、食糧不足がある。これは、食糧供給能力の指標ともなる農業生産高の成長率と人口増加率との関係において、後者が前者を上回るために起こる問題（一人当たり農業生産高の低下）として、かなりの危機感をもって受け止められた。これについては、農業部門の生産性を向上させることと、人口増加をうまくコントロールすることが、重要な開発政策上の課題とされたのである。

図表1-2aは先の6ヵ国の一人当たりGDP（名目）とその世界平均の推移をまとめたものであるが、そこでも日本の健闘が看取できよう。1960年には日本のそ

れは479ドルであるのに対し、フランスが1338ドル、イギリスが1380ドル、そしてアメリカが3007ドルだった(なお、中国は90ドル)。同年の世界の平均値が450ドルだったことを考えれば、その時点では日本はとりたてて突出した国ではなかったのである。しかし1970年になるとフランスとイギリスの一人当たりGDPはそれぞれ2853ドルと2348ドルとなるが、日本は2038ドルとこの2ヵ国に肉薄する(ちなみにアメリカは5247ドル、中国は113ドル、そして世界平均が802ドル)。さらに1995年にはフランス・イギリス・アメリカがそれぞれ2万6890ドル、2万3013ドル、そして2万8782ドルであるのに対して日本が4万3440ドルと、これらの国々を追い越した。

日本の一人当たりGDP値の高さは何を意味するのだろうか。日本がイギリスの倍近く豊かになったということだろうか。当然、そういった結論をこのデータから導くことはできない。ここでも経済指標について、国際比較をする際の注意点を説明しておこう。一般的に国と国のGDP等を比較する際には、まずはその通貨単位を揃《そろ》える必要があるが、その時に基準となるのはほとんどの場合アメリカ・ドルである。この時、ドル建てで表示される日本やイギリスのGDPは、その計算の際に使用される為替レート次第で大きくも小さくもなりうる、という問題がある。1971年のニクソン・ショック時の、為替制度が固定相場制から変動相場制へ移行するといったような大幅な制度変更などがあった場合、そうした影響は特

図表1-2b　1人当たりGDP、購買力平価（PPP）

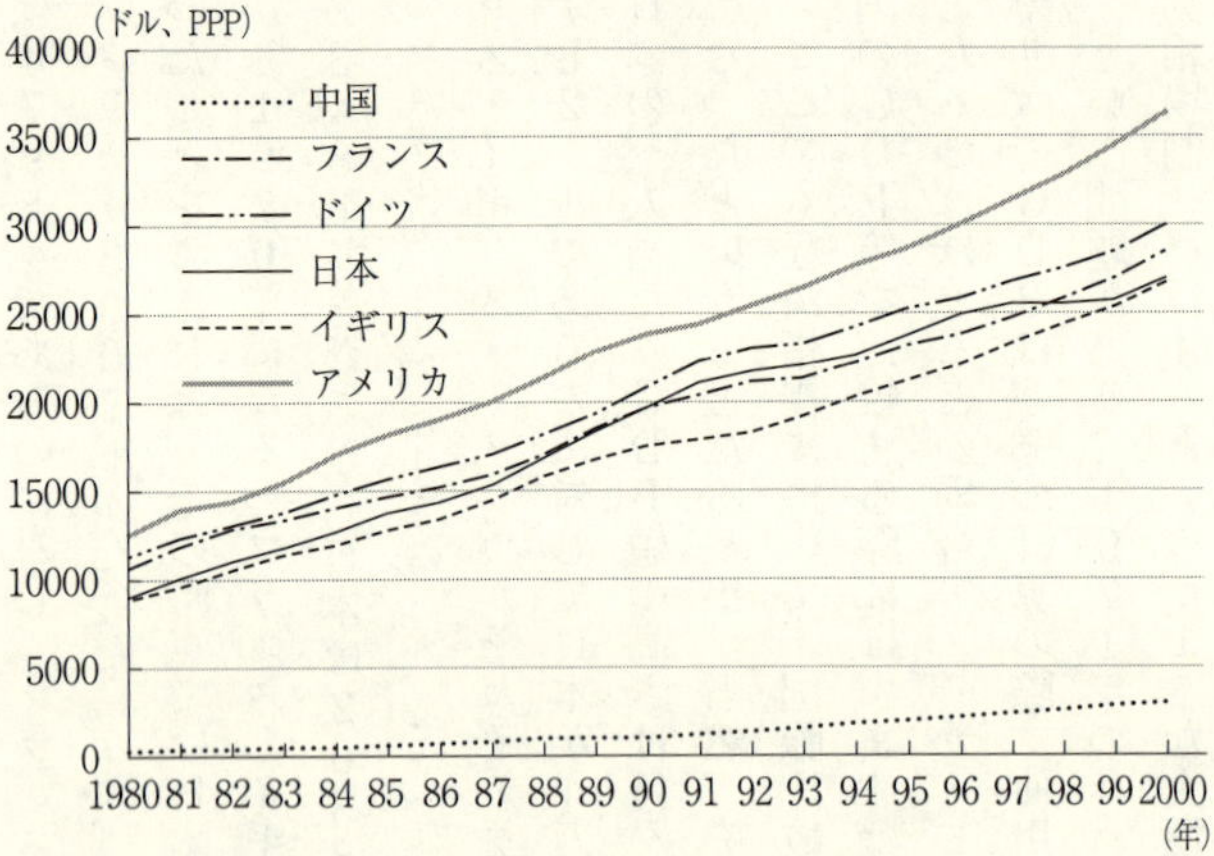

出所：World Economic Outlook Database（IMF）より筆者作成

に大きい。また、国によって物価水準が異なるという点も比較の際に問題となる。これらに対応するために用いられるのが、購買力平価（Purchasing Power Parity、PPP）という、市場の為替レートとは異なる換算レートである。

PPPレートの考え方は次のようなものである。アメリカで、ある種のハンバーガーが1ドルで買えるとしよう。そして、日本でもそれと全く同じハンバーガーが200円で買える場合、1ドルと200円が「実質」的に同じ購買力を持つため、1ドル＝200円という交換レートが成立することとなる。これは、グローバルなレベルで「一物一価の法則」が成立するという仮定に基づいた考え方である。このようにして設定されたPPPレートを使用すれば、国と国との間にある物価の違いをコントロールして実質比較することが可能となるのである。ちなみに、イギリスの経済週刊誌*The Economist*では、グローバルに展開するファストフード・チェーンであるマクドナルドのビッグマック（Big Mac）という大型ハンバーガー商品に焦点を当て、世界各国のマクドナルド店舗で売られているビッグマックの現地通貨建て価格を比較し、PPPレートのような「ビッグマック指数（Big Mac index）」を算出している。そして、この指数（レート）と実際の為替レートがどの程度乖離《かいり》しているかについての情報を定期的に公表している。

図表1-2bはこのPPPベースの一人当たりGDPの推移をまとめたものである。これを見ると、実質的な購買力で見た場合、日本の一人当たりGDPの推移が他の三ヵ国と比較して特に際立っていないばかりか、実際には当該期間において常にアメリカとドイツよりも下位にあったことがわかる。

世界の中の日本経済と輸出産業の高度化

資源の乏しい日本は、世界から資源を輸入し、国内で工業製品に加工して輸出するという、いわゆる加工貿易パターンにより工業化の道を邁進《まいしん》してきた。戦後日本の経済発展は、はじめから国際的な経済枠組みの中で模索されてきたのである。

こうした路線を確固たるものにした象徴的契機が1962年の原油の輸入自由化だろう。原油は、国際競争から自国企業を保護して育成（いわゆる輸入代替政策）が図られた自動車などの工業製品と同様に、政府によって輸入量が決められていた。そして、輸入に必要な外貨を輸入業者に割り当てる、いわゆる外貨割当制度の対象だったのである。守ろうとしたのは、国内の石炭産業である。原油がこの外貨割当制度から外れたことは、日本のエネルギー政策の主役が、国内調達が可能な石炭から、全面的に輸入に依存せざるを得ない石油ベースへと大きく転換したことを意味した。いわゆる「エネルギー革命」である。この政策シフトは、日本が開放体系の中で世界とともに発展の道を歩むことを事実上宣言した、重要な出来事だった。また、輸入依存度の高い産業構造に基づく経済発展は、輸出による外貨獲得を大前提としていた。

戦後しばらくの間、日本の工業製品は世界から粗悪品として扱われてきた。しかし、この時期の日本の輸出成長率は経済成長率よりもかなり高い水準にあり、その結果、1965年には貿易収支が戦後初めて黒字に転ずる。その後、1970年代の二度のオイルショック後の数年間を除けば、20世紀の日本は常に貿易黒字国として世界と関わってきたのである。その中で60年代には繊維製品、そしてそれ以降（特に80年代）は自動車の輸出攻勢が引き金となって、日本の戦後復興を後押ししてきたアメリカとの間で深刻な貿易摩擦が起きるように

図表1-3 輸出額とシェアの推移

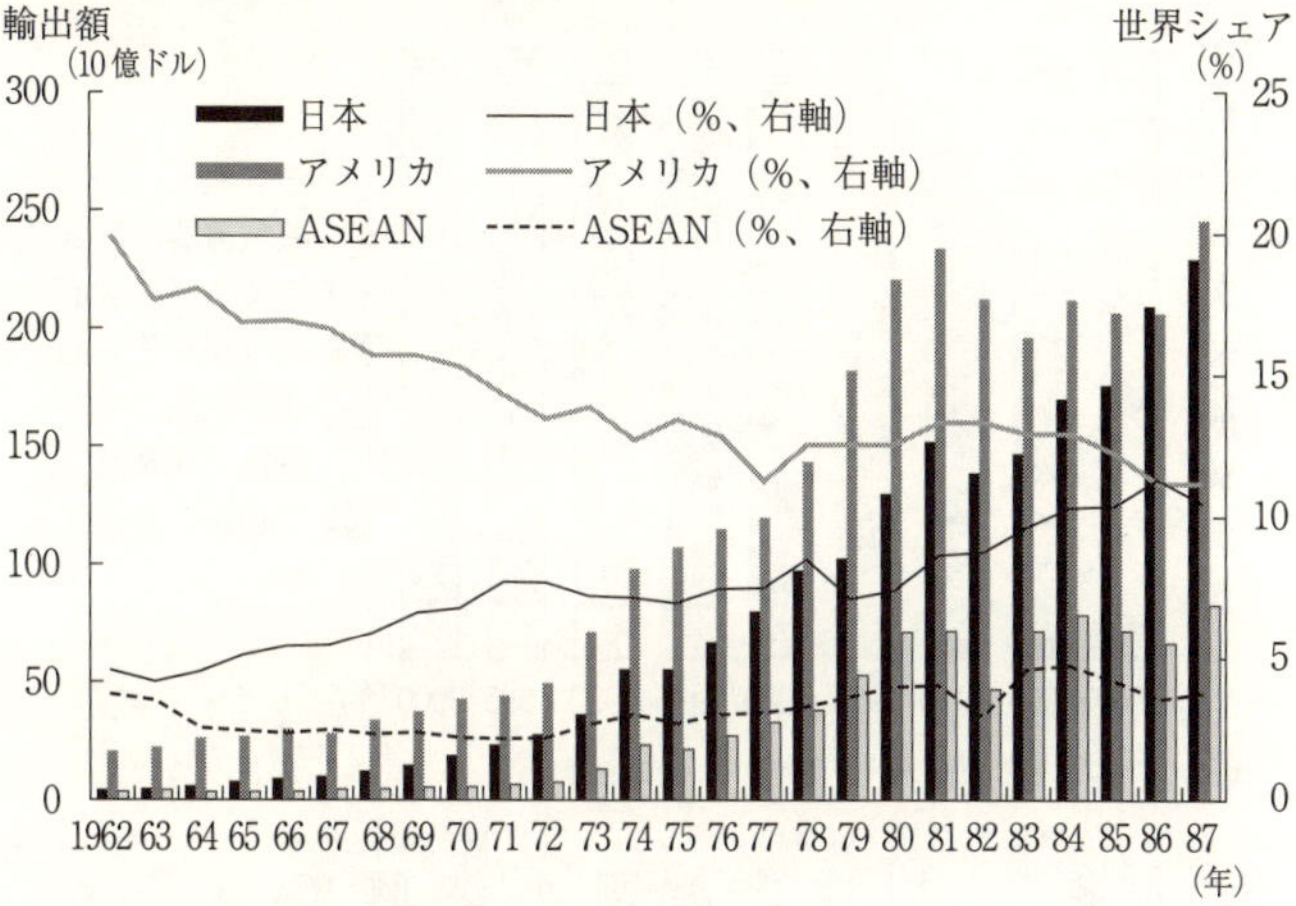

出所：UN Comtradeより筆者作成

なる。このころになると、「Made in Japan」と銘打った工業製品は、品質と価格競争力で世界市場を席巻するようになり、揺るぎない安心と信頼で受け入れられていく。そして、バブル経済初期の1986年にはアメリカの輸出額を超えるほどになったのである。

図表1-3は日本の1962年から87年までの輸出額の推移を、東南アジア（現ASEAN）およびアメリカのそれと比較しながら概観したものである。1962年の日本の輸出額は49億ドルで、東南アジア諸国を合計した40億ドルと似たような水準にあったが、アメリカのそれは214億ドルと日本の4倍以上だった。

図表1-4は輸出品目構成の変化をまと

図表 1-4　日本の輸出品目の構成変化

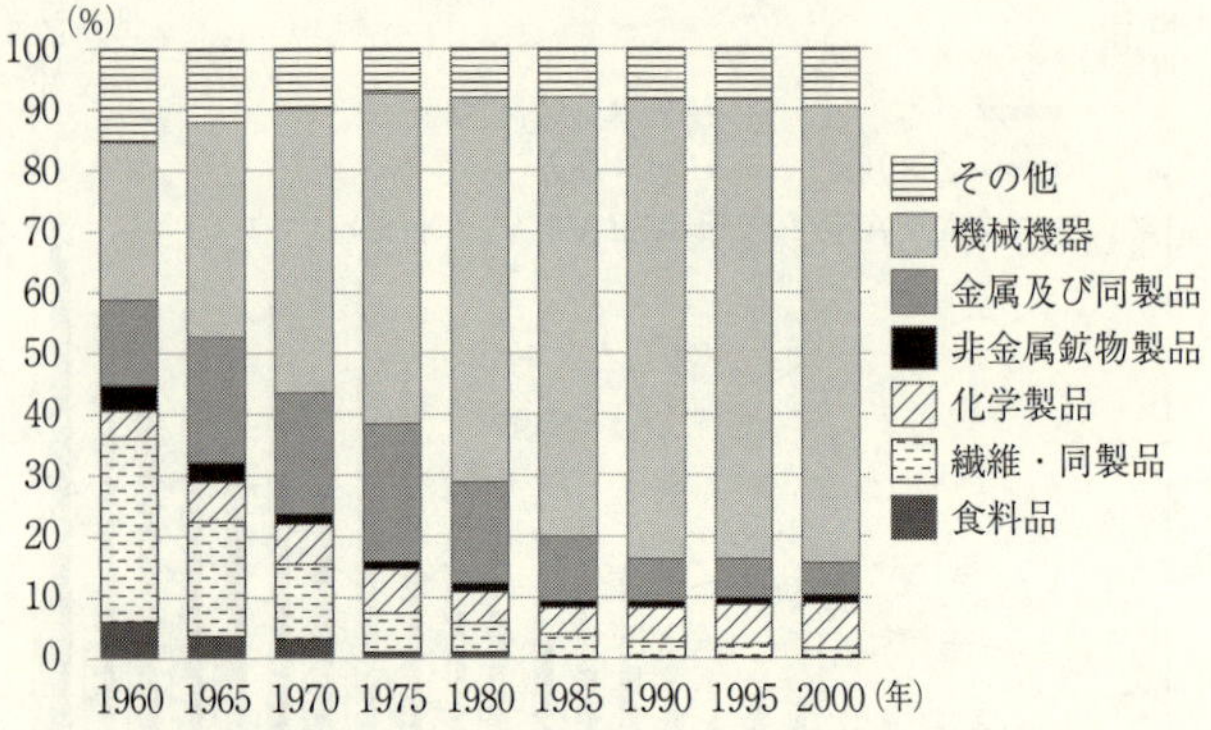

出所：日本貿易振興機構（JETRO）より筆者作成

めたものである。日本の輸出する工業製品も、はじめのうちは繊維製品など労働集約的な製品が中心だったが、経済が発展するにつれて資本集約的で、技術集約度の高い産業分野へと移っていった。例えば、1960年の日本の最大の輸出品目は繊維産業関連で、全体の3割以上を占めていた。しかしその比率は次第に低下し、1970年には1割強にまで縮小した一方で、機械機器産業の製品が全体の半分近くを占めるようになり、その後もシェアは拡大していく。

ある財やサービスを作り出すためには労働や資本、土地などといった「生産要素」が必要となる。こうした生産要素賦与条件の違いによる国際比較優位と貿易パターンを説明するものにヘクシャー＝オリーン・モデルというのがある。これに基づけば、賃金水準が低く、労働力が豊富にある途上国は、それを多く活用する労働集約的な産業に比較優位を持つことが一般的であるため、こうした部門に特化する傾向にある。これに対し、中・先進国のように資本の蓄積が労働力よりも相対的に進んでいる場合は、資本集約的な産業に特化しがちである。

経済成長は資本の蓄積をもたらし（そしてそれがさらなる成長を喚起し）、資本コストを下げる。その一方で、今度は労働力が相対的に希少となって賃金が上昇し、経済は次第に労働集約的産業から資本集約度の高い産業へとシフトし始める。これが図表1-4の輸出構造の変化の背景にある。この日本の産業構造変化が、貿易と投資関係を通じて他のアジア諸国の発展を誘発した。これが20世紀のアジア経済の発展の特徴である。この点を、雁行形態論で展開された議論を振り返りながら見ていくことにしよう。

2 雁行形態型発展モデル

アジアへの復帰と戦後賠償

日本が戦後の繁栄を築けるかどうかは、いかにアジアとの関係を再構築し、そこに復帰できるかという点にかかっていた。戦前の日本にとって、アジアといえばそれはほぼ中国を意味していた。宮城（2004）は、終戦時における日本の海外資産は圧倒的に旧満州を含む中国大陸にあり、その額は東南アジアの6億ドルに対し、378億ドルにも上っていたと指摘している。しかし1949年に中国に共産党政権が誕生すると、日中間には突如として海溝のごとき大きな断絶が生じたのである。大来・原（1954）は、日本が「政治的経済的権益関係によって結び付けられていた大陸市場から切り離された」とし、これを契機に日本とアジアの関係が「一変した」としている。戦後日本が、中国というアジアの基幹市場を失ったことは、その経済発展の道筋をなんとか描きたい当時の政財界に強い焦りを喚起し、それが東南アジアに急傾斜させたとしても不思議ではない。

問題は、その東南アジアの国々と、どのようにして関係を再構築するかにあった。東南アジア諸国から見れば、日本は戦時中に自分たちの土地に進軍してきた、欧米植民地支配者と大して変わらない帝国主義者として映っていた。諸手をあげて無条件に受け入れようという雰囲気はない。戦中に被った様々な苦痛と被害について、少なくとも一定の総括が必要だったのである。そうした中で、日本のアジア復帰を後押ししたのも、やはりアメリカだった。

東南アジア諸国へのアプローチについては、基本的には戦後賠償の問題を決着させることが関係修復の鍵となった。1952年の日本の主権回復に向けた講和を主導したアメリカは、日本に対するアジア諸国の報復的賠償措置を避けるのみならず、当初は無賠償の方針も打ち立てていた。これは当然フィリピンなどの反対にあうこととなり、実現することはなかった。

とはいうものの、賠償については現金による支払ではなく、日本による物品と役務の提供という形がとられることとなった。そして賠償交渉は、1950年代に東南アジアのほぼすべての国々との間で決着を見た。

この戦後賠償に関して、日本の国内向けには「東南アジアへの経済進出のための足掛かりとなる投資案件」といった、国益をむき出しにした説明が大っぴらになされていた（宮城、2004）。実際、受益国におけるインフラ整備などの建設事業や物品の無償提供にしても、それを請け負ったり調達元となったりしたのは、ほぼ日本企業に限られていたのである。当時の戦後賠償が今日の「開発協力」の原型となる「経済協力」と巧みに結び付いた点は、日本の政府開発援助（ODA）における大きな特徴である（佐藤、2018）。そして、この日本の開発協力方式が、時には東南アジアを中心とした受益国の批判に晒《さら》されたのも、こうした特徴に一因があった。

雁行形態論とは何か

日本の戦後経済発展プロセスにおける東南アジア諸国との関係深化は、その後のアジア経済の展開を考えるうえで重要な意味を持つ。結論を先取りしていえば、一国で起きた経済発展の波がその国（日本）だけに収まらず、国境を越えて隣国に伝播《でんぱ》していくようなメカニズムが、一つの秩序としてアジアに形成されたのである。このようなダイナミズムは、一般的に「雁行形態論」と称される。喩《たと》えていうならば、その一番先頭を飛んでいた雁が日本だったということになる（そして、二番手を飛ぶ雁のポジションに韓国やシンガポールなどの国々がいた）。これが20世紀のアジア経済を象徴する、日本の一極体制下におけるアジア経済秩序のダイナミズムの基本構造である。

この雁行形態論の初出は、元一橋大学の教授だった赤松要《かなめ》が、1935年に発表した羊毛産業に関する論文である。しかし、それが本格的に注目されるきっかけとなったのは、その後1962年に同氏が英文学術誌 *Developing Economies* に発表した A Historical Pattern of Economic Growth in Developing Countries である。そしてこの議論を近代経済学の枠組みに引き付けてより精緻化し、1980年代以降に世に広めたのはその教え子であった、同じく元一橋大学教授の小島清《きよし》である。この「雁行形態論」の骨子は、次のようなものである。

産業が未発達な後発国では、工業製品は通常輸入されるところからスタートする。工業製品の中でも付加価値が比較的低く、労働集約的で汎用技術が中心の、生産が比較的簡単なものについては、次第にその供給が国産品によって代替されるようになる。そして、さらに時が経つと同産業の競争力が増して生産量が拡大し、輸出産業と化す。しかし、経済のさらなる発展に伴って資本蓄積が進んで賃金が上昇し始めると、今度は労働と資本といった生産要素費用の相対価格が変化し、当該産業が競争力を失う局面が来る。そうした経緯を経て、やがてはその工業製品を再び輸入する状態に回帰する。ただし、このころになると今度はより資本集約的で、高い技術水準が要求されるより高度な財や、そうした財の生産に使われる設備機械等の生産財に関して、同様なサイクルが起きるようになる、というものである。

なお、「雁行形態」という名称については、対象とする財について、その競争力が変化する様子を、縦軸に数量(輸入量、生産量、あるいは輸出量のいずれか)、横軸に時間軸をとった場合、逆V字のような形となるが、その形状があたかも雁がV字型の編隊をなして飛ぶ姿のように見えることに由来がある。

雁行形態論の原点は、途上国を先進国との関係で見た際、その経済構造が異質なものから同質化へと向かうプロセスに注目した点と、その途上国における国内産業の盛衰サイクルを輸入—国産—輸出—再輸入という貿易形態の変化との関連で途上国の工業化の動態を論じた二つの分析軸に求められる(末廣、2000)。

なお、この雁行形態論に類似した理論としてよく引き合いに出されるのが、元ハーバード大学教授のレイモンド・ヴァーノン(Raymond Vernon)のプロダクトサイクル論である(Vernon, 1966)。雁行形態論が先進国と関係を深めた途上国に視座を据え、その産業化プロセスを考察したものであるのに対し、ヴァーノンのプロダクトサイクル論は先進国アメリカで起こる新製品の開発からスタートする。初期段階において、この革新的な企業は新たに開発した製品から独占的利益を享受するが、その製品の生産が拡大して標準化されていくと、次第に国内で競争相手が出てくるようになる。すると、生産技術の汎用化に伴って、コスト削減を目指して生産を海外(途上国)へ移転するようになる。そして、いつの日か国内生産がなくなり、輸入に転ずる、というものである。

国際的な産業伝播の仕組み

後に雁行形態論は、一国内で輸出から輸入に転じる局面において、当該産業がより後発の近隣諸国へと移転されるというメカニズムを説明するモデルとして、発展的に解釈されるようになる。実際に赤松の1962年の英語論文では、産業サイクルの周辺諸国への伝播、あるいは国際的な「構造転換連鎖」にも言及していた(大野・桜井、1997)。そして、その後他の研究者らによって、国内の産業サイクルから、生産・投資関係を通じた国際的な産業連関を前面に押し出したものへと論点が拡張されるようになった。アジアの経済発展を語る際には、この「雁行形態」的な連関効果を通じた、地域全体のシステマティックな発展パターンこそがその特徴であるとされてきた。今日、雁行形態論といった場合、こちらの国際的な発展連鎖のメカニズムのほうに力点が置かれることがほとんどである。

図表1-5　20世紀アジアの雁行形態型発展パターン

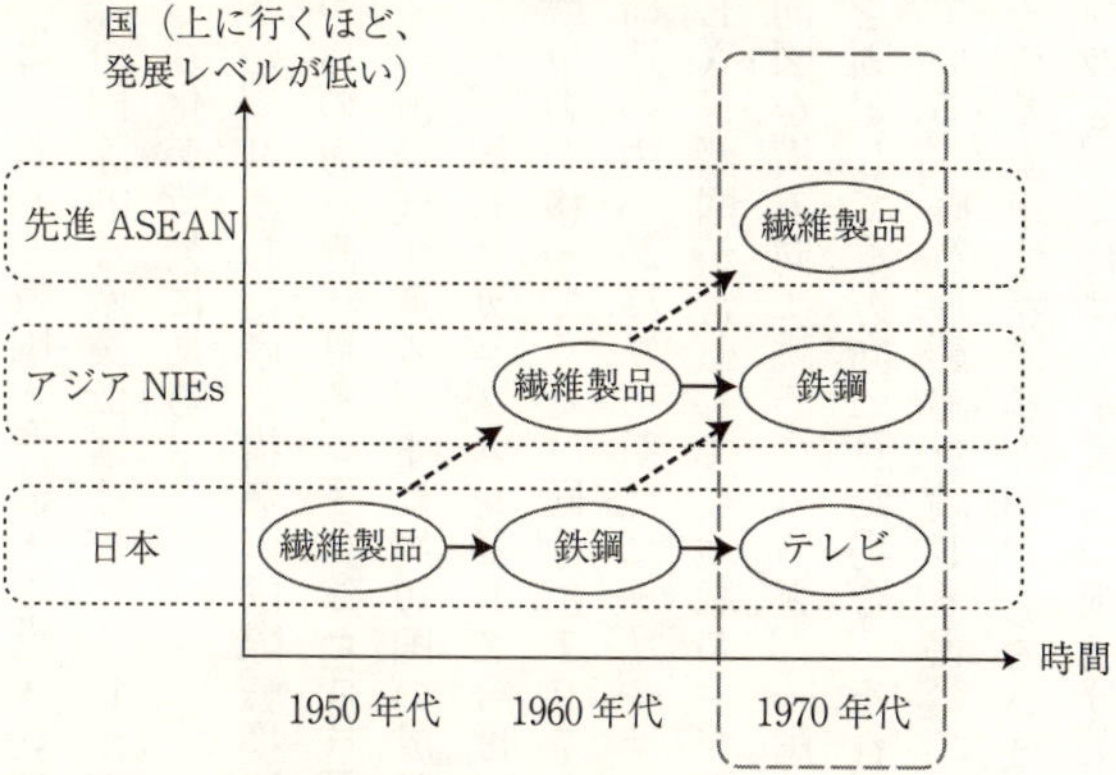

出所：大野・桜井（1997）をベースに筆者作成

ここで、その直感的な理解を確認するためにも、アジアの雁行形態型発展パターンの具体像を、適当な製品群を当てはめて描いてみよう。**図表1-5**を見てほしい。1950年代の日本の主力輸出品目は、先の図表1-4にもあるように、生地や衣服などといった繊維製品であった。繊維製品の生産技術が他産業と比較して労働集約度が高かったことから、資本蓄積レベルがまだ低かった当時の日本の生産要素賦存条件に合致したのである。しかし経済が成長し始め、1960年代に賃金水準が上昇して資本蓄積が進むと、こうした労働集約的な繊維産業の競争力が低下する一方で、より資本集約的な鉄鋼部門の競争力が高まった。その際、日本で斜陽化し始めた繊維製品の生産を、アジアNIEs（新興工業経済、Newly Industrialized Economiesの略）といわれる韓国・台湾・香港・シンガポールといった国々・地域が担うようになる。この際の国際的な産業伝播は、こうした国々で起こる輸入―国産―輸出といった貿易と産業構造の変化が背景にある。

また、こうした産業構造の国際転換連鎖を後押ししたのが、80年代以降特に重要となる日本からの海外直接投資（Foreign Direct Investment、ＦＤＩ）である。その間にも日本ではさらなる経済発展が進み、また周辺国の成長によって鉄鋼の生産における競争力も低下するようになり、同じメカニズムを通じて今度はより資本と技術集約度の高いテレビや自動車の生産に競争力が移ってくる。同様に１９７０年代に入るとＮＩＥｓでも繊維から鉄鋼の生産に産業構造の中心が移り、新たにタイやマレーシア、フィリピンやインドネシアといった先進ＡＳＥＡＮ諸国が台頭して、地域の中で繊維製品の生産を担うようになる。

同図を横方向に眺めてみると、一国の時系列的な産業変化の変遷が記述されており、時間軸を固定して縦方向に見た場合、それぞれの時代におけるアジアの国際生産分業体制が描かれている。雁行形態論を論じる書籍では、類似した図表が用いられることが多いが、いずれもその基本単位を産業部門、あるいは消費財（完成品）としている点に留意してほしい。というのも、これは「産業間の域内分業」をベースとした、20世紀のアジアの経済秩序を示しているのである。これに対して、第３章で詳細に見るように、21世紀のアジア経済のダイナミズムに通底するのは、グローバル・バリューチェーンによる「産業内の域内分業」なのである。

キャッチアップ型工業化論

ところで、このモデルと関連して、キャッチアップ型工業化論というものがある（木廣、2000）。キャッチアップ型工業化の特徴は、第一に途上国（後発国）の工業化が「後発性の利益」を通して、より発展段階の高いレベルにある国に「キャッチアップ（追いつく）」するというものである。「後発性の利益」とは、先進国が時間をかけて開発・汎用化していった技術や知識を、そうした開発に関わるプロセスを経ずに導入できることでより速く、効率的に自国の工業化のために活用して経済発展を実現できる、とする考え方である。

工業化の初期段階にある国は、たくさんの労働力を国内に持ちつつも、資本や技術の蓄積レベルが低いことが多い。こうした国は、通常多くの労働力を必要とする縫製産業のような労働集約型産業から工業化を開始するが、先進国とのリンクを通じて「後発性の利益」を十分に活用し、資本・技術レベルの蓄積を進めていく。そして、次第に資本集約型産業、さらには技術集約的な産業へと経済を高度化するというのが、キャッチアップ型工業化論の提示する基本メカニズムである。

キャッチアップ型工業化論では、こうした工業化における政策転換プロセスにも注目している。つまり、そこでは、輸入していた工業製品を国産で代替する輸入代替政策と、輸出振興政策といった貿易政策が、国内産業の競争力強化を目的とした産業政策と密接に関連した点と、その中における政府の主体的役割が強調されている。さらにこの議論では、「後発性の利益」を享受するためには、新技術の導入と定着を可能とするような社会的能力も必要であり、それを培うための諸制度や組織が重要だったとされている（末廣、2000；後藤、2018）。

1985年のプラザ合意と日本企業の海外展開

雁行形態型発展モデルの主な原動力は、海外直接投資（FDI）である。FDIとは、ある国の企業が、経営を目的として行う海外への投資を指す。例えば日本の電子メーカーがマレーシアに部品工場を建てたり、自動車メーカーがタイに組み立て工場を建てて操業したりするのがわかりやすい事例かもしれない。あるいは、海外の企業を買収するのもFDIの一形態である。FDIは、所有権の移転を伴わない社債の購入や、キャピタルゲインを期待した海外の有価証券や外国為替などへの投資（間接投資）とは異なり、実質的にその国でビジネスをコントロールして運営することを目的としたものである。

図表1-6　日本のFDIの動向

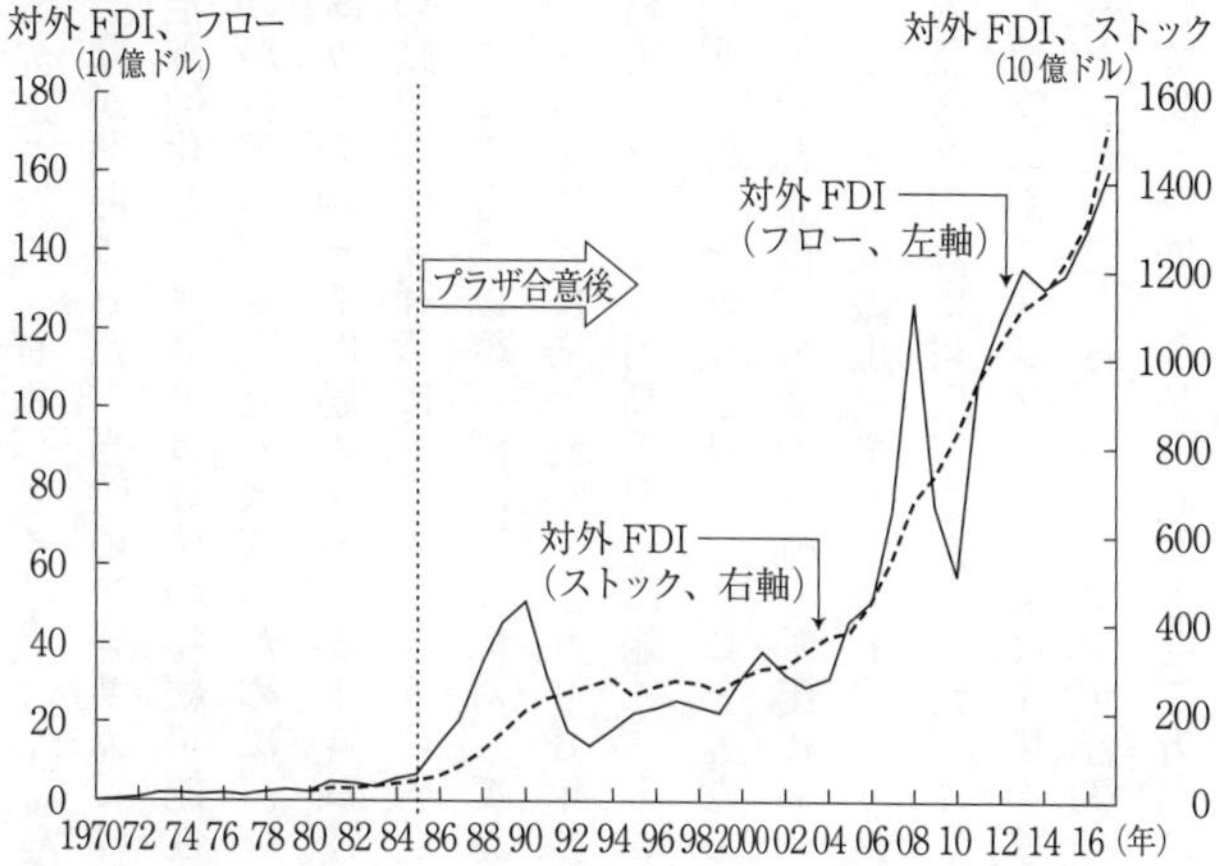

出所：UNCTADstat（UNCTAD）より筆者作成

日本は世界的に見ても対外ＦＤＩ大国である。１９７０年には、フロー（その年に行われた投資額）ベースで、世界の２・５%のシェアしかなかったが、１９９０年には21%にまで急増した。このフローの蓄積であるストック（海外投資の残高）については、１９９２年段階で世界の約10%を占めていた。図表１-６は日本の対外ＦＤＩの推移をまとめたものである。この図から、１９８５年を境に日本の対外ＦＤＩのフローとストックがともに急増していることが明らかである。この年に日本の対外ＦＤＩは本格展開したとされているが、一体何があったのだろうか。

答えは「プラザ合意」である。その年の９月にニューヨークにあるプラザホテルで

G5先進5ヵ国（日本、アメリカ、イギリス、フランス、西ドイツ）の財務大臣と中央銀行総裁会議が開催された。当時のアメリカでは財政赤字と経常収支赤字という「双子の赤字」が政治課題化し、アメリカ経済の持続可能性が問題視されるようになっていた。そこで、アメリカが自国の貿易収支の改善のために、G5の蔵相と中銀総裁を招集したのである。これは、アメリカの抱える問題の主原因がドル高にあるという想定で招集された会議だった。この会議の結果、主要通貨に対するドル安の容認とその実現のための政策協調の意思が確認された。そしてこの会議以後、円はドルに対して急激に増価した。プラザ合意前の円ドルレートは1ドル237円台にあったが、1988年のはじめには120円台にまでなったのである。その結果、日本は「円高不況」に陥る。そして日本経済は、このころから成長の源泉を外需から内需主導へと転換させていくこととなる。

プラザ合意後、事業の主軸を輸出においてきた多くの日本企業は、当然苦境に陥ることとなった。例えば繊維産業の中でも、とりわけ労働集約的な衣料品（縫製）産業などの企業は、この急激な円高に対応できなかった。こうした理由から、このような業種は、より安い労働力が豊富にあるアジアNIEsに工場を移転するなどした。対外FDIで海外に活路を見出そうとしたのである。つまりプラザ合意は、アジアの雁行形態的な経済秩序をより広範に、そして深みを増しながら展開させる方向に作用した。そして、今度は進出先の韓国や台湾からアメリカ向けに輸出攻勢を仕掛けるという、いわゆる「迂回輸出」という事態が生じたのである。アメリカとしては、自国の輸出増を狙ったプラザ合意だったが、結果としてアジアの産業・製品ベースの国際分業体制を進化させた点は、皮肉な結果であったかもしれない。しかし、こうしたダイナミズムが、アジア経済の急成長と全体的な底上げにつながったのである。

3　NIEsの躍進、中国の「復帰」

輸入代替工業化から輸出志向へ

このころになると、産業構造の高度化がアジアでも起こるようになった。これまで日本を含め、多くの発展途上国は自国産業の保護的育成策、つまり輸入代替工業化政策をとることが多かった。同政策は、より競争力を持った先進国から輸入される工業製品に対し高関税をかけるなどして国内産業を保護・育成し、国産品で代替しようとする戦略である。輸入代替工業化の議論では、生産規模を拡大した時に単位当たりアウトプットの費用（平均総費用）が下がるという「規模の経済」効果が発揮され、競争力が強化されるという側面が重視されることが多い。ただし、基本的に国内市場を対象とした政策であることから、その発展も国内市場の狭隘《きょうあい》性に縛られるという限界を内包していた。そのため、輸入代替工業化政策は、どこかのタイミングで輸出志向型工業化への転換を必要とした。

こうした中、一貫して自由港として開放体系に身を置いてきた香港に加えて、1960年代には韓国、台湾およびシンガポールも輸入代替から輸出志向型の発展戦略へと軸足を移すようになる。こうしたNIEsの成長パターンは世界からも注目された。経済協力開発機構（Organisation for Economic Co-operation and Development、OECD）は、1979年に刊行した『新興工業国の挑戦（原題―*The Impact of the Newly Industrialising Countries on Production and Trade in Manufactures*）』という報告書で、それらを「外向きの成長政策（outward-looking growth policy）」と名付けて広く紹介した。この動きは80年代に入ると、タイやマレーシア、フィリピン、インドネシアなど先進ASEAN諸国にも広がった。

このような政策転換の背景には、当然それぞれの国・地域の事情もあった（大野・桜井、1997）。例えばシンガポールの場合、国内市場の狭隘性という動かしがたい要因があり、輸入代替工業化による長期的な発展を目指すことは非現実的であった。こうした中、強力な政治的リーダーシップによって、外資企業を積極的に誘致して産業高度化を牽引する政策が実施された。これがその後のシンガポールの輸出ベースを形作ることとなる。

韓国もシンガポールと同様、1960年代に政府の強い介入による輸出志向型工業化に乗り出す。韓国は台湾やASEAN諸国と比較して資源に乏しく、一次産品の輸出で経済発展を目指すことはほぼ不可能だった。そこで、資源や中間財を日本やアメリカといった先進国から輸入し、自国の豊富な労働力を用いて工業製品に仕立てて輸出するという加工貿易スタイルを確立する。しかし、こうした貿易形態は極めて輸入誘発的だった。そのため、国内の資材・中間財産業を輸入代替的な政策で育成するという「複線型工業化」路線がとられ、その下での重工業化が模索された（今岡・大野・横山、1985）。

一方台湾は、NIEsの中では比較的しっかりとした農業ベースを持っており、農業部門の発展が工業化に必要な資本蓄積を進めたという側面があった。それでも、輸入代替による工業化の限界が露呈すると、輸出志向型の発展戦略への転換が必要となった。ここで特筆すべきは、1965年に高雄《たかお》に設置された輸出加工区（Export Processing Zone、EPZ）である。EPZとは、その区域で生産される財がすべて輸出されることを条件に、生産に用いる資材・中間財を原則無税で輸入できるという経済特区である。台湾政府はEPZ内で操業する外資企業向けに減税や免税といった優遇措置を積極的に実施した。受け入れ国側としては、EPZ内で作られた最終財が国内市場に流通しないのであれば、地場企業の発展を阻害しないし、新しい雇用の創出というメリットもあった。また、先進的な産業部門が国内に入ってくることにより、地場産業への技術移転や、部品や資材などの調達（いわゆる後方連関の形成）も期待された。ただし、こうした技術移転や後方連関効果がどれ程あったかについては様々な見解がある。個別ケースによって状況が異なるというのが実態だろう（戸堂、2008）。

続くASEAN

こうした発展戦略パラダイムが隆盛を誇る中、80年代には先進ASEAN諸国も本格的な輸出志向型戦略を採用し始める。多くの国では、台湾を見習ってEPZ政策が取り入れられた。例えばマレーシアでも、同政策の実施による外資企業誘致が功を奏して、ペナンに一大電子・電器産業の集積地が築き上げられた。ただし、概してASEANでは、こうした開放体系における輸出戦略を進めながら、輸入代替政策も引きずり続ける傾向が見られた。その理由の一つとしては、インドネシアを典型に、NIEsと比べて国内市場が大きかった点があげられる。また資源に恵まれ、一次産業が発達していたことも、そうした状況を生む要因となった。

1950年代から60年代にかけては、輸入代替工業化が世界的に隆盛を誇ったが、その背景にプレビッシュ＝シンガー命題というものがあった。これは、「一次産品を輸出し、二次産品（工業製品）を輸入するという貿易構造が、一次産品を輸出する国の交易条件を悪化させる」というものである。交易条件とは、輸出品一単位で交換可能な輸入品の量を示したものであり、輸出品一単位の価格（Px）と輸入品の価格（Pm）の比（Px/Pm）で表される。自国の輸出品の価格が下がり、逆に輸入品の価格が上がった場合、価格比は下がることになる。こうした状況は、交換可能な輸入品の量が減ることを意味するため、「交易条件が悪化した」と表現される。それまでの開発政策で、途上国は交易条件の悪化を回避するため、輸出に占める一次産品比率を下げて、二次産業部門中心の構造へと高度化させようとしてきたが、その代表的政策として輸入代替型工業化が位置づけられたのである（なお、プレビッシュ＝シンガー命題については、提唱された当初から議論があったが、現在ではその実証性を否定する見解が主流である）。

一方で、工業化の過程において一次産業が重要な役割を果たしたケースもある。タイの、いわゆるＮＡＩＣ（Newly Agro-industrializing Country、新興農業関連工業国）型工業化と称されるものがそれである（末廣・安田、１９８７）。これは、農作物や水産物など一次産品に加工を施し、付加価値を高めて輸出するというものである。タイのＮＡＩＣ型工業化では、一次産品の輸出拡大による外貨収入増が、輸入依存度の高いタイの工業部門の発展を下支えしたのである。

そして90年代に入ると、カンボジア、ラオス、ミャンマー、そしてベトナムがＡＳＥＡＮ

に加盟する。これら後発ASEAN(いわゆるCLMV)の国々も、このころから豊富な労働力と低賃金を武器に、世界に向けた労働集約型の産業部門の輸出を開始する。そして経済成長が一気に開花し、高度経済成長期に突入するのである。

「アジア経済」に登場しなかった中国

書店や図書館で、「アジア経済」と冠した書籍をパラパラとめくってみると、ある奇妙な事実に行きつく。中国がそこに入っていないことが非常に多いのである。先にも触れたように、戦後日本は中国との関係を断たれたため、アジアといえば、少なくとも経済的関心からすれば、専ら東南アジアに集中していた。こうした事情から、中国は別建てで議論しよう、という流れがあったのかもしれない。あるいは、1972年の日中国交正常化まで事実上、中国に関する情報が皆無に近く、またそれ以降も限られていたというプラクティカルな理由もありえよう(ただし、これについてはカンボジア、ラオス、ミャンマー、そしてベトナムの、いわゆるCLMVといった後発ASEAN諸国にも当てはまる問題ではある)。

しかし、こうした中国と日本の政治的距離感と相まって考えられるのが、90年代あたりまで中国が「経済小国」だったという単純な事実である。中国を抜きにしてアジアを語ったとしても、とりわけ大きな不都合が生じなかったのである。このように指摘するのは、中国経済を研究する東京大学の伊藤亜聖准教授である（伊藤、２０１８）。

筆者も編著者として出版に関わった『現代アジア経済論』（有斐閣、２０１８年）で、伊藤は20世紀が「アジアが中国を変えた」時代であったと振り返る。端的にいえば、雁行形態型の秩序立った地域発展ダイナミズムの中で、驚異的な成長を実現したアジアＮＩＥｓの「成功体験」。これが、中国のリジットな社会主義的計画経済からの方向転換を促し、開放体系の中で成長戦略を模索するきっかけとなったのである。つまりアジアの急成長が、１９７８年以後の「改革開放」路線を中国が採用することとなった決定的要因であるとしている。

図表１-１ａからも見て取れるように、中国のＧＤＰは１９６０年代初頭の段階においては、ほぼ日本と同程度の水準だった。しかし１９７０年になるとそれが日本の半分以下（44％）に、１９８０年にはそれが6分の1程度（17％）にまで落ち込み、さらに１９９０年にはなんと日本の9分の1程度（12％）となる。今となっては考えられない日本の「優越性」である。一人当たりＧＤＰで見た際には、図表１-２ａからも明らかなように当初から大きな格差があり、先述のとおり１９６０年に日本のそれが４７９ドルだったのに対して中国が90ドルだった。その後、その差は一方的に開いていき、１９９０年には日本の２万５３５９ドルに対して中国はたったの３１８ドルにとどまっていた。

すでに議論したように、この一人当たり名目ＧＤＰを直接比較してそれぞれの国の生活水準を測ることはできないが、いずれにせよ大きな開きである。なお、2000年の一人当たりGDPをPPPレートで見ても、日本が2万6956ドルであったのに対し、中国は2930ドルと9分の1ほどの水準にしかなかった。20世紀の中国は、経済的側面に関していえば、実に小さい存在だったのである。このような状況は21世紀に入ると大きく変貌する。ここで、中国がどのような経緯を経てアジア経済の中で確固たるポジションを獲得するに至ったのか、その20世紀の史的展開を振り返っておこう。

計画経済の挑戦と挫折

1949年、中国共産党は国民党に内戦で一定の勝利を収め、大陸で中華人民共和国が成立する。ここから中国は国家建設と経済発展に向けて走り出そうとするが、その前途は多難なものだった。それは、1978年に当時の実質的な中国の指導者であった鄧小平《とうしょうへい》が改革開放路線を打ち出すまでの約30年にわたって続くこととなる。この時代の中国の苦難の底流にあり、またそれを象徴するのが、大躍進政策と文化大革命という急進的社会主義化政策であろう。

中国の社会主義化は、冷戦構造に影響を受ける形で増幅され、強化されてきた。中国共産党が国家建設に着手しようとしたころ、実のところ厳格な社会主義を目指した計画経済による発展が標榜《ひょうぼう》されていたわけではなかった（梶谷、２０１６）。しかし１９５０年にひとたび朝鮮半島で戦争がはじまると、中国の同盟国である北朝鮮が、アメリカが中軸を担った国連軍によって中朝国境まで追い詰められる事態に陥る。この北朝鮮軍の支援に回ったことで、中国は戦争の当事者として巻き込まれた。アメリカと直に戦うこととなった中国は、冷戦の緊張の高まりを痛感するとともに自国軍の装備の貧弱さに危機感を募らせ、早急な重工業化に傾く。これが契機となって中国はソ連に近づき、重化学工業の育成に必要な技術、さらには本格的な計画経済の運営方法などを導入した。そして１９５３年には第一次５ヵ年計画が実施に移された（丸川、２０１３）。

計画経済とは、国の中央計画部門が、あらゆる財やサービスの価格とインプット・アウトプットを決定して需給バランスを調整することを指し、それを達成するために立てた計画に従って実体経済（生産と流通）を管理・運営する経済システムである。つまり、市場経済の中で、需給調整の中心的な役割を果たす価格メカニズムを除去した形の経済運営方式である。それまでの中国経済を担った多種多様な経済主体は、国有企業に姿を変えるなどして公有化され、国家の管理下に置かれた。同様に手工業や農業部門も組合に統合されて集団化された。こうした制度を実施し、重工業部門の育成に力点を置いたのである。

ソ連も含めて、中央集権的な計画に基づいた世界中の社会主義国の経済がやがて壁に突き当たり、その運営のあり方に大幅な変更を余儀なくされるようになるのは、歴史が示すとおりである。その根本的な要因には、私的所有権や自らの意思で行動を決定し、その成果と報酬を享受するといった、労働者や消費者としての個人や企業のインセンティブに働きかける基本的条件が欠落していたことが第一にあげられる。

大躍進政策と文化大革命

ところで1953年にソ連のスターリンが死去し、フルシチョフがその後継指導者の地位に就くと、中ソ関係が次第に冷え込むようになる。それまでスターリンが主導するソ連の従順な弟分のような存在だった中国が、フルシチョフのスターリン批判とアメリカへの接近を修正主義だと批判したため、ソ連との対立が高まったのである。1953年の第一次5ヵ年計画はソ連の経済運営方式に従ったが、これが改革開放以前で唯一まともに機能した5ヵ年計画となった(加藤・上原、2004)。ソ連と対立し始めた中国は、これ以後は独自の路線を突っ走ることとなる。こうした中で、1958年5月に毛沢東《もうたくとう》が大躍進政策を打ち出した。社会主義建設に向けて、高い目標を早く達成しようとしたこの大躍進政策は、惨憺《さんたん》たる結果に終わる。鉄鋼やエネルギー、さらには食糧の大増産を目的とした同政策だったが、工業部門に多くの人手が奪われた農村では、目標とされた食糧生産高を達成できなかった。しかし、生産高の「水増し報告」が横行したため過剰な食糧供出につながり、全国で3000万人ともいわれる人々が餓死《がし》するという大惨事に至ったとされている（梶谷・藤井、2018）。この結果を目の当たりにした毛沢東は、その責任をとる形で一旦は指導者としての地位を退く。そして、疲弊した経済の立て直しに、毛沢東の後継者だった劉少奇《りゅうしょうき》や、後に改革開放を指導する鄧小平らが登場する。しかし彼らの主導した諸政策が、「資本主義の復活」を目指したものであるとして、毛沢東は1966年に再度指導者の地位に就くための権力闘争を展開する。これが文化大革命である。文革中には多くの技術者や政治家（劉少奇と鄧小平もその一人であった）、知識人たちが正当な理由なく迫害され、職を失ったり労働改造所へ送られたりした。再び中国に混乱をもたらしたこの政策は、1976年に毛沢東が死去し、その妻の江青《こうせい》を含む「四人組」が逮捕されて政治の舞台から姿を消すまで続いた。

1978年の改革開放政策

1978年までの中国と、それ以降の中国は「全く別の国といってもいい」ほど、鄧小平の改革開放路線は中国を変えた（丸川、2013）。その改革開放の第一の特徴が、財の価格決定と資源配分に関して市場メカニズムを段階的に導入した点である（改革）。第二の特徴が、沿海部に経済特区を設定し、西側諸国との接点を求め始めた点である（開放）。

第一の「改革（市場メカニズムの導入）」に関しては、まずは農村における請負生産方式の導入からスタートした。これは集団化した農地を農家に再分配し、一定量の農作物を定められた価格で政府に収めれば、残った部分を自分の取り分とできる制度である。こうした政策転換は農民の生産意欲を駆り立て、農業生産高と農民所得を飛躍的に向上させた。これに自信を深めた中国政府は、同様のインセンティブ効果を持つ政策を、今度は工業部門にも導入した（梶谷・藤井、２０１８）。国有企業については経営に関する裁量権を徐々に拡大し、国家の価格統制も次第に弱めていくことで市場の価格メカニズムの導入を図った。さらに、より重要で本質的な改革としては、民営企業の設立を段階的に認めたことである。その結果、中国経済における国有企業への依存度が徐々に低下した（伊藤、２０１８）。

次に、第二の「開放（経済特区の設置）」についてである。経済特区は当初広東省の深圳、珠海《しゅかい》、汕頭《スワトウ》、福建省《ふっけん》の厦門《アモイ》、そしてその少し後に海南島《かいなんとう》の計５ヵ所に設置された。この経済特区は、台湾や韓国が積極的に活用することで輸出志向型発展を成功させた輸出加工区（EPZ）のように、海外から資材を輸入し、それを加工区内で組み立てて完成品を輸出するというものだった。これらの経済特区で生産の担い手として期待されたのが外資企業であり、日本を含めた周辺のアジア諸国の企業が主な対象と想定された。中国政府はこれら特区のインフラ整備や税制優遇策を展開して、企業の誘致にも積極的に乗り出した。そして１９８４

から88年には同様の目的の経済技術開発区を全国の14ヵ所にまで拡大し、開放路線を一層推進した。こうした動きは1985年のプラザ合意による日本企業の海外進出期とタイミングがうまく合致し、日本からの(そして、その後台湾や韓国などアジアNIEsからの)投資の受け皿として機能した。中国がアジア経済とつながり、その先の世界市場を見据えたかのように動き始めたのである。

天安門事件と南巡講話

しかし、中国のこうした改革開放路線が頓挫《とんざ》しそうになる出来事が起こる。1989年6月4日のことである。北京《ペキン》の紫禁城《しきんじょう》の前に広がる天安門《てんあんもん》広場で、学生が民主化を求めるデモを起こして軍と衝突した、いわゆる(第二次)天安門事件である。鄧小平の改革開放路線を主導した一人であった胡耀邦《こようほう》が同年に死去すると、その追悼のため天安門に集まった学生を中心とした群衆が次第に民主化を求めるデモ集団と化し、政府が軍を投入するという強硬な手段で対応・鎮圧に乗り出したのである。

80年代後半になると、高インフレによる経済状況の不安定化など、これまでの諸政策の負の側面が露呈する。そうした状況に民衆の不安も高まっていった。この中で起こった民主化要求に対して、中国人民解放軍が武力で立ちはだかった映像は世界中に放映された。当時大学生だった筆者も、テレビに釘付けになったのをよく覚えている。その映像自体に強烈なインパクトを覚えたのと同時に、戦後の冷戦構造が音を立てながら崩れ、新しい世界へと動き出す、大がかりな地殻変動にも似た変化の予兆を感じるような時代だった。

この事件は、中国の保守層からは中国共産党の指導的立場に対する挑戦として、危機感をもって受け止められた。世界には、中国が再び閉ざされて元の体制に戻るのではないか、との危惧《きぐ》も生じた。しかし、こうした疑念を払拭《ふっしょく》することとなったのが、1992年の鄧小平の「南巡講話《なんじゅんこうわ》」である。上海《シャンハイ》および広東省を視察した鄧小平が、改革の堅持とさらなる開放を進めると呼びかけたのである。これが契機となり、同事件以降冷え込んでいた世界からの投資が復活したばかりか、一種の投資ブームが中国で沸き起こった（梶谷、2016）。中国が開放体系にコミットし、アジアと世界の中で発展を目指す姿勢がこの時期に明らかとなり、その後の台頭につながる。

4 「東アジアの奇跡」からアジア通貨危機へ

『東アジアの奇跡』報告書

中国が天安門事件に揺れ、アジアにおける立ち位置を模索していたころ、戦後世界を規定していた冷戦構造が名実ともに終わりを迎えた。1989年11月にはドイツを東西に隔てていた壁が崩壊した。その翌月にはアメリカのブッシュ大統領（父）とソ連のゴルバチョフ書記長が地中海のマルタ島沖に浮かぶソ連のクルーズ船内で会談を持ち、冷戦の終結を宣言したのである。そして1991年に世界はソ連の解体を目の当たりにする。これまで開発援助を行っていた国連などの諸機関では、途上国の開発問題に加え、こうした旧社会主義国の民主化と市場経済メカニズム導入にまつわる経済体制移行の支援も視野に入れる必要が出てきた。そこでは、市場経済メカニズムと政府のあり様が議論された。

こうした時代背景において、『東アジアの奇跡――経済成長と政府の役割』（*The East Asian Miracle: Economic Growth and Public Policy*）という調査報告書が1993年に世界銀行より出版された。それまでの国際開発・援助の世界では、いわゆるワシントン・コンセンサスと呼ばれる市場メカニズムを前面に押し出した開発政策が、少なくとも欧米の開発援助組織や国連など国際機関で主流となっていた。こうした考え方は、新古典派アプローチとも呼ばれている。そこでは、政府の経済への介入は公共財の提供や市場の失敗など、特殊な場合に限定されるべし、といった見方が支配的だった。国際機関におけるこうした開発政策と援助のあり方に異を唱えたのが、自国の経験から経済発展における政府の役割を強調する日本だった。『東アジアの奇跡』報告書の主関心は、まさにこの点をアジアの経験に照らして検証することにあり、レポートの作成と刊行も日本の資金拠出によるものだった。

この報告書では、戦後アジアで最初に成長軌道に乗った日本を筆頭に、これに続いたアジアＮＩＥｓ（香港、台湾、韓国、シンガポール）、そして70年代後半からのマレーシア、インドネシアおよびタイが主要な分析対象となった。世界銀行はこの８ヵ国を「アジアの高成長経済群（High Performing Asian Economies、ＨＰＡＥｓ）」と称し、高い成長率のみならず、成長の過程で所得分配が不平等化しなかった点を「奇跡」と表現したのである。

同レポートでは、このアジアの経済パフォーマンスが、市場メカニズムに親和的な諸条件を基礎としていた点が示された。すなわちマクロ経済（財政・金融）の安定や人的資本の蓄積、効率的な金融部門、海外からの積極的な技術移転の受け入れ、さらには農業部門の健全な発展といった、経済ファンダメンタルズ（基礎的条件）の整備である。一方で、本書の中心的視点の一つであるグローバル・バリューチェーンの隆盛につながる海外直接投資に関する議論が希薄である点は、20世紀のアジア経済の諸相の反映かもしれない。

これに加え、政府が対象産業を特定・限定しない形での輸出振興政策の効果を認めている点において、従来の市場万能主義的な主張から一定のシフトも見られた（大野・桜井、１９９７）。一方で、日本の工業化の黎明期《れいめいき》である50年代から60年代にかけて実施してきた、特定産業を選択的に優遇して育成する産業政策については、否定的な見解が示された。

ＨＰＡＥｓに共通した特徴として、報告書では輸出志向型工業化の重要性が強調されている。また同報告書では、政策の中身にもまして、政策実行能力が成果を左右するとしている。その視点から、先の輸入代替工業化について、報告書は否定的である。というのも、輸入代替工業化は、国内に健全な競争環境が維持されている場合は、淘汰《とうた》が起こり産業の競争力強化が期待できる。しかし独占的企業が政治と結び付くなどして、企業が競争力向上のインセンティブを持たないような場合には、高関税のしわ寄せが消費者に転嫁され続けることとなる。そうした失敗例として、報告書ではラテンアメリカなどの事例を示している。要するに、能力のある政府であれば、こうした政策をうまく実施できるが、そうでない場合は、むしろ成長の足かせになる、としたのである。

いずれにせよ、この『東アジアの奇跡』報告書は、なかなか発展ができずに停滞している国々の政府や援助機関の関係者、さらには研究者などに注目され、アジアの経験に学ぼうと広く読まれた。アジアは世界から羨望のまなざしを向けられるようになったのである。

アジア通貨危機

１９９４年、当時スタンフォード大学教授だったポール・クルーグマンの論説がフォーリン・アフェアーズ誌（*Foreign Affairs*）に掲載された。「東アジアの奇跡という神話（The Myth of Asia's Miracle)」と題したのがそれである。アジアの成長は単に生産要素、特に資本の投入によってもたらされたものであり、「奇跡」的であるとする要素は見当たらないという趣旨のもので、論争を巻き起こすこととなった。

経済成長の源泉は、大きく分ければ、①資本や労働といった生産要素の投入と、②こうした生産要素をうまく使うことによる効率性、の二つに分類することが可能である。このうち、②は全要素生産性（Total Factor Productivity、TFP）と呼ばれている。架空の事例で説明してみよう。労働と資本に関し、その水準と増加率がともに同じAとBという二つの国があるとする。そして、経済成長に影響すると思われる他の条件（地理的条件や現在の経済発展水準など）も同じであるとする。そうした時に、A国とB国の経済成長に差があるような場合、それは個々の生産要素の投入量の違いではなく、そうしたものをうまく効率的に使う能力、あるいは創意工夫のような、直接観察して測ることのできない「何か」が働いたと考えるしかない。

TFPとは、実はこのような漠とした残余概念だが、往々にしてイノベーションなどの代理変数として使われたりする。クルーグマンは、成長会計という分析手法でアジアのHPAEsのデータを検証した研究結果を引用し、その経済成長の要因がほぼ生産要素（特に資本）の増加によってもたらされた点を強調した。そして、ほとんどの国でTFPの貢献についての統計的有意性が見られなかったとして、東アジアの「奇跡」の可能性を退けたのである。彼の主張に関してはその後技術的な観点から様々な批判が集まったが、この論考が東アジアの経験に懐疑的な目を向ける契機となったことは疑いようがない。そして、この論争がまだ収束しないうちに、タイを起点にアジア金融危機が起こる。1997年7月のことである。

タイの危機は、1990年代から急増し始めた短期性の資本流入（FDIではなく、間接投資資金）が突如流出し始め、タイの通貨バーツを買い支える外貨準備が枯渇《こかつ》したことによって起こった危機であった（三重野、2018）。そしてその危機は、タイ国内にとどまらず、マレーシアなど周辺国にも飛び火し、インドネシアと韓国に至ってはタイとともに国際通貨基金（International Monetary Fund、IMF）の管理下に入るなど、極めて深刻な事態を引き起こした。これまでのアジアの「奇跡」が、本当に「神話」となってしまったかのようであった。

アジアの21世紀へ

さて、これまで本章では20世紀の戦後日本とアジアが歩んできた彩り豊かな道筋を、やや長めの助走をとりながら眺めてきた。しかし次章以降に展開する21世紀のアジア経済を理解するには、それ以前の世紀のあり様を知っておくことが殊に重要なのである。とりわけその中における日本の歩みを理解して位置づけることは、21世紀のアジア経済のダイナミズムの理解の鍵となる。その理由として、一つには20世紀からの継続性、そしてもう一つは断絶性――この両方の視座を現実に投射することで、私たちが生きる21世紀のアジアと日本を解釈し、未来に思いをはせることができる、と考えるからである。

20世紀が終わり、世界が21世紀を迎えようとしたころ、アジアは金融危機後から立ち直ろうと、文字通り身を切るような制度改革を試行錯誤しており、日本はポストバブルの「失われた10年」の中で出口の見えない経済停滞にはまっていた。しかし、これら「東アジアの奇跡」と称えられたＨＰＡＥｓの苦戦ぶりをしり目に、国際金融市場への統合がまだ進んでいなかった中国や後発ＡＳＥＡＮ諸国（ＣＬＭＶ）が目覚ましい成長を遂げ始めていた。

そして21世紀が実際に幕を開けると、アジア金融危機で深刻な状況となっていたタイをはじめとした国々も、大方の予想に反して次々と成長軌道に復帰し始める。一方、これと入れ替わるように、２００８年にはアメリカでリーマンショックが起こり、ヨーロッパにはユーロ危機が重苦しくのしかかるようになった。もはやどこの発展モデルが良い、という議論すら聞かなくなった。

次章からは、21世紀に入って新しい展開を見せ始めたアジア経済の展開を追うことにしよう。時代はいよいよ「アジアの世紀」へ突入する。

第2章　アジアの21世紀はいかに形成されたか

1　急成長の構造

アジアの世紀

2017年の世界の自動車販売総数は9680万台だった。そのうちの約40%にあたる3868万台が、アジアの主要6ヵ国で販売された。これに対して北米3ヵ国が約2123万台(約22%)、主要欧州18ヵ国が1716万台(約18%)だった(日本自動車工業会ホームページ)。2000年の世界の総販売台数が5756万台だったことを考えれば、世界の自動車市場は約1・7倍となったことになる(日本自動車工業会、2015)。そして、その伸びの大部分がアジア市場の拡大によるものである。今やアジアは世界最大の自動車市場であり、その規模はますます大きくなり続けている。

それにしても、中国の自動車市場の大きさは別格である。2017年の世界の自動車販売総数の約30％にあたる2912万台が中国で売られた。この規模は、欧州18ヵ国や北米3ヵ国それぞれの合計よりもはるかに大きい。中国の2000年の販売台数は208万台だったが、この17年間でなんと14倍にもなった（日刊自動車新聞社、2005）。なお2017年の世界第2位の自動車市場はアメリカで1758万台（世界の約18％）、そして日本が523万台（同5％）とこれに続いた。ちなみに、両国の2000年の自動車販売台数は、ほぼ2017年と同じだった。欧米市場は世界経済の中では大きいかもしれないが、市場のフロンティアは中国を筆頭に、（日本を除く）アジアで広がっているのである。21世紀は「アジアの世紀」であるといわれるようになって久しいが、それはこうした現象があらゆる産業分野において見られるようになったことにも起因する。

グローバル経済におけるアジアの存在感が急速に高まっていく中で、『アジア2050——アジアの世紀は実現するか（*Asia 2050: Realizing the Asian Century*）』という報告書が世に出た。フィリピンのマニラに本部を置くアジア開発銀行（Asian Development Bank、ADB）が2011年に刊行したものである。この報告書では、アジアの経済成長がこのまま続けば、2050年には世界GDPの半分以上を占め、一人当たりの平均所得も購買力平価（PPP）

図表2-1　アジアと世界のGDP（実質）

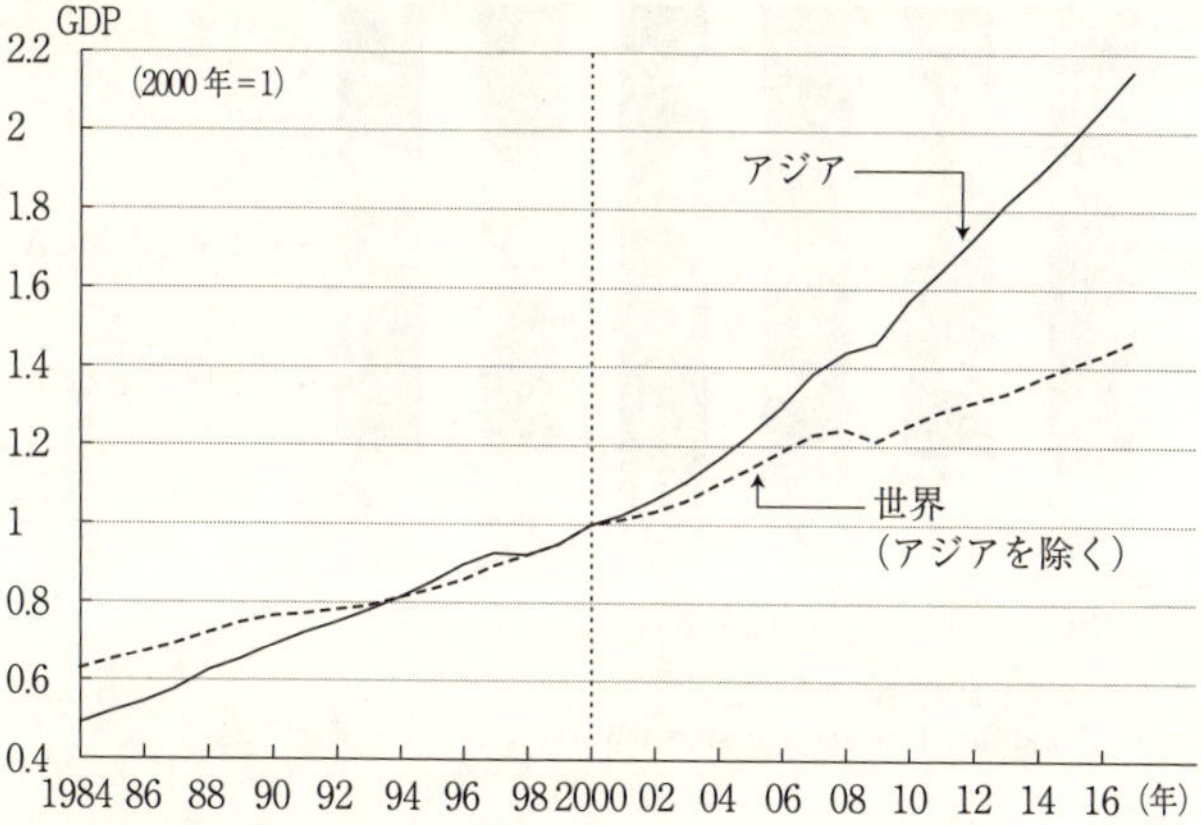

註：台湾はデータベースに入っていないため、「アジア」に含まれない
出所：World Development Indicators（World Bank）より筆者作成

ベースで欧州並みになるとしている。ただし、このような「アジアの世紀」の実現には、「中所得国の罠（middle-income trap）」の解決が必要、とも警告している。「中所得国の罠」に関しては、アジアの多くの国々が強い危機感を抱いている重要な問題である。これについては第3章で取り上げる。

戦後間もなく日本が成長軌道に乗り、その成長の波はアジア全域にも広がった。その間に金融危機も発生し、大きな躓《つまず》きも経験したが、そこからの回復もまた早かった。これは前章で振り返ったとおりである。そしてアジアのこの成長の勢いは、21世紀に入っても止まることはなかった。

図表2-1は2017年までの30年強にわたる実質GDPの成長トレンドを表した

図表 2-2　地域別GDP比率の推移

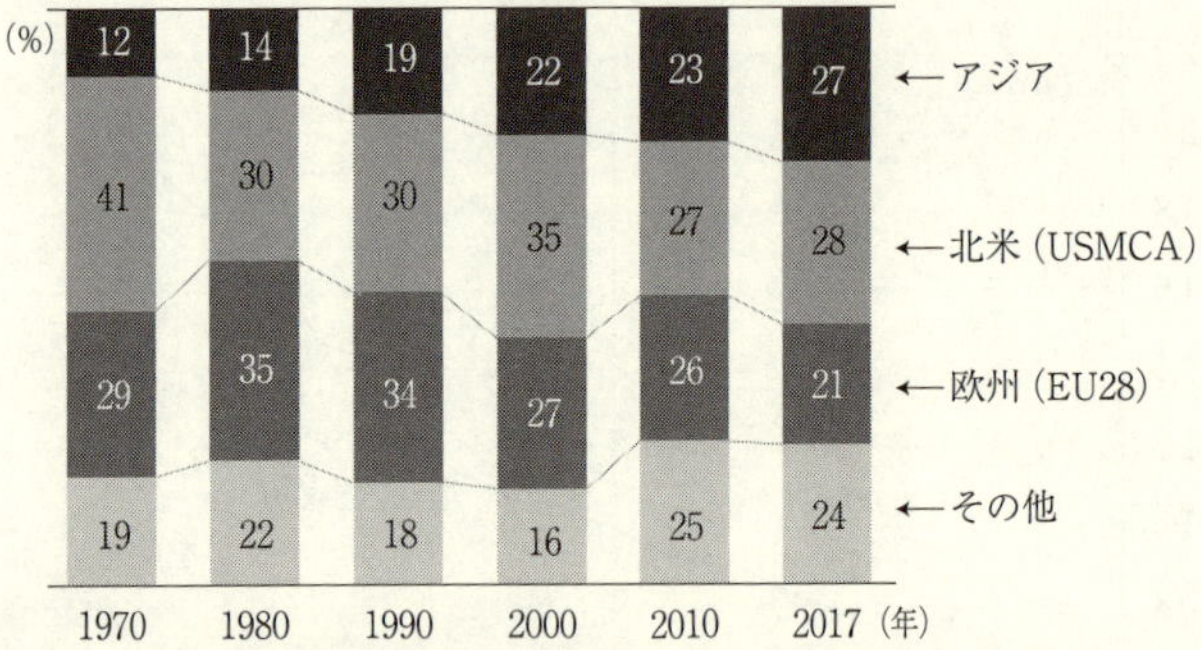

註：「アジア」に台湾は含まれない
出所：World Development Indicators（World Bank）より筆者作成

ものである。２０００年のＧＤＰを１として、その前後のＧＤＰの変化を表現している。１９８４年から２０００年までの16年間で世界の実質ＧＤＰが１・６倍となったのに対し、アジアは2倍に成長している。そしてこの成長スピードは21世紀に入っても続く。２０００年以降、世界の実質ＧＤＰはその後17年間で１・５倍となったが、アジアは２・２倍にまで伸びた。この期間全体を展望してみると、この33年間で世界経済は２・３倍となったが、アジアはなんと４・３倍にまで成長したのである。

世界のＧＤＰにおけるアジアの比率も堅調に拡大した。図表2-2が示すように、２０１７年にはＡＳＥＡＮ10ヵ国に日本と中国、韓国を加えた13ヵ国で、世界のＧＤＰの４分の１以上（27%）を占めるようになった。これはアメリカ、カナダとメキシコを合わせた北米経済圏（ＵＳＭＣＡ、旧ＮＡＦＴＡ）

の経済規模（28％）とほぼ同じであり、欧州連合（EU）28ヵ国のGDP合計（21％）よりもかなり大きい。

「水準」の多様性

21世紀に入っても、アジア経済が全体として急速に成長していることは間違いない。しかし、ここで注意しなければならない点がある。アジア域内の国・地域を一つずつ見てみると、その経済規模や所得水準、さらに成長パフォーマンスも一様ではないのである。ちなみに経済を見る指標には「水準」と「変化」に関するものがある。「水準」は、ある時点におけるその国の経済レベルを測ったものである。そして「変化」は経済成長など、その「水準」がどのように変化したかという動学的な物差しとなる。先のGDP成長は「変化」の指標である。

図表2-3は本書が対象とするアジア各国・地域に関する、2017年のいくつかの「水準」についての指標をまとめたものである。なお同図では、ASEANについては、一人当たりGDPの小さい順に並べている。まずGDPに目を向けてみると、域内でひときわ大きい中国の12兆2380億ドルという数字が目に付く（これに香港とマカオを加えると、12兆6290億ドルとなる）。日本のGDPが4兆8720億ドルなので、単純に計算すると、この

図表2-3 アジア各国・地域の概要

2017年

	GDP（名目、10億ドル）	人口	一人当たりGDP（名目、ドル）	一人当たりGDP（PPP、ドル）
ミャンマー	67	53,370,609	1,257	6,174
カンボジア	22	16,005,373	1,384	4,018
ベトナム	224	95,540,800	2,342	6,790
ラオス	17	6,858,160	2,457	7,038
フィリピン	314	104,918,090	2,989	8,361
インドネシア	1,015	263,991,379	3,846	12,310
タイ	455	69,037,513	6,595	17,910
マレーシア	315	31,624,264	9,952	29,511
ブルネイ	12	428,697	28,291	79,003
シンガポール	324	5,612,253	57,714	94,105
中国	12,238	1,386,395,000	8,827	16,842
香港	341	7,391,700	46,194	61,671
マカオ	50	622,567	80,893	115,367
韓国	1,531	51,466,201	29,743	38,824
日本	4,872	126,785,797	38,430	42,067
世界	80,935	7,529,719,387	10,749	17,100

出所：World Development Indicators（World Bank）より筆者作成

年の中国の経済規模は日本の2・6倍ということになる。中国が日本のGDPを超えたのが2010年だったが、あれからわずか7年間でこのような差が開いたのである。第1章で見たように、1993年段階では日本のGDPが中国の10倍以上あったことが、にわかには信じがたい。

そうした経済大国がある一方で、GDPが220億ドルのカンボジアや170億ドルのラオス、さらには120億ドルのブルネイなど、アジアには経済規模が非常に小さい国も多い。これら三つの国を合わせても、中国の一特別行政区であるマカオとほぼ同等のGDPにしかならないのである。

こうしたGDPの違いは、人口規模の違いによるところも大きい。例えば、域内には13億8000万人強の人口を抱える中国のような大国がある一方で、ブルネイのように43万人弱の人口小国もある。43万人といえば、日本の長崎市と同程度の人口規模である。

そこで一人当たりの名目GDPを見てみることにしよう（図表2-3）。この指標は、往々にしてその国の平均所得を近似するものと捉えられている。そのためよく引き合いに出される数値だが、これにも域内で大きな差がある。本書が定義するアジアの中で、一人当たり名目GDPが最も高いのがマカオの8万9900ドルであり、これにシンガポールの5万7700ドルが続く。日本が3万8400ドルだから、マカオとシンガポールはそれぞれ日本の2・1倍と1・5倍となる。香港の一人当たり名目GDP（4万6200ドル）も日本よりも高い。

アジアにはこうした高所得国・地域がある一方で、所得水準がかなり低い国も同居している。例えばカンボジアやミャンマーは、その一人当たりGDPがそれぞれ1400ドルと1300ドル程度である。これらは世界銀行が定義する「低所得（low-income）」というカテゴリーをようやく上回るレベルである。

ところで、こうした名目指標を見ても、実際にそこに住んでいる人たちの生活水準を比較して評価することはできない。前章で見たように、各国の物価水準が異なるからである。そこで、PPPベースの一人当たりGDPを見てみよう。やはり先ほどのマカオ、シンガポール、香港、さらにはブルネイの所得水準が非常に高いことがわかる。これによれば、シンガポールの平均的な人の購買力は、日本の2・2倍ということになる。また、韓国の一人当たりGDPも、購買力ベースでは日本と大して変わらないことも理解できよう。ただし、ミャンマーやラオス、さらにはベトナムなど、まだまだ購買力の低い国もある。カンボジアに至っては、日本の10分の1以下しかない。

アジアといえば成長が著しく、中間層も広がりを見せ始め、そこで暮らす人々は貧困と決別しておしなべて豊かさを享受し始めた明るいイメージが全面に出るかもしれない。巨視的な視点に立てば、そのような評価は必ずしも見当違いではない。しかし実際には、アジアには依然として発展途上国特有の開発課題を抱えた、所得水準の低い国も併存しているのである。

アジアの地域的多様性は、経済面に限ったものではない。それはむしろ政治・社会・文化的な側面のほうが顕著である。域内には文化・宗教的には中東に近いブルネイや世界最大のムスリム（イスラム教徒）が住むインドネシア、さらには同じくムスリムが多数派であるマレーシアなどがある一方で、タイやラオス、ミャンマーといった敬虔《けいけん》な仏教国もある。また、仏教徒と同程度の人数のキリスト教徒と、さらにはヒンズー教徒も域内に混在している。政治体制においても中国やベトナム、ラオスといった社会主義国家がある一方で、民主主義体制の国も併存している。これらの多様性の側面については、本書のテーマを大きく超えるため、ここで深く論ずることはしない。いずれにせよ、これだけの多様性を比較的狭い地理的範囲に包含する地域は、他にはなかなか見ることができない。

成長パフォーマンスの推移

次に「変化」を軸にしてアジア経済を俯瞰《ふかん》してみよう。図表2-4はアジアの国々・地域の実質年平均成長率（Compound Annual Growth Rate、CAGR）を、1984年から2017年まで4区分に分けてまとめたものである。

この図表を見ると、アジア全体の実質年平均成長率が、全期間を通じて世界平均値を上回っていることが明らかである。1984年から1990年にかけての6年間でアジアは年平均で5・74%の率で成長していた。これは同じスピードで成長が続けば、アジアの経済規模が13年で倍になるという成長率である。これに対して、年率3・26%で成長していた（アジア以外の）世界経済の規模が倍になるには、それよりも大幅に長い22年もかかることとなる。

ただし、ここでもやはりアジアのすべての国・地域が世界と比較して高い成長率を誇って

図表 2-4　実質年平均成長率（CAGR）比較

	GDP（%）				一人当たりGDP（PPP、%）		
	1984-1990	1991-2000	2001-2010	2011-2017	1991-2000	2001-2010	2011-2017
インドネシア	5.61	3.55	5.41	5.26	2.00	3.98	4.01
カンボジア	-	0.43	7.98	7.14	-2.37	6.28	5.43
シンガポール	7.01	7.17	6.58	3.55	4.23	4.19	2.19
タイ	9.34	3.94	4.72	3.50	2.85	4.07	3.12
フィリピン	2.62	3.25	4.97	6.59	0.92	3.09	4.89
ブルネイ	-0.19	2.14	1.21	-0.89	-0.38	-0.28	-2.27
ベトナム	4.62	7.76	6.65	6.06	6.07	5.63	4.90
マレーシア	5.48	6.84	5.07	5.23	4.21	3.10	3.50
ミャンマー	-1.32	8.06	12.05	7.22	6.71	11.14	6.26
ラオス	4.43	6.39	7.28	7.47	4.09	5.59	6.06
日本	4.97	1.06	0.66	1.31	0.80	0.58	1.45
中国	8.84	10.56	10.80	7.23	9.42	10.18	6.68
香港	6.54	3.76	4.47	2.65	2.07	3.95	1.89
マカオ	7.01	2.56	12.28	0.29	0.42	9.77	-1.77
韓国	10.01	6.57	4.41	2.88	5.60	3.89	2.37
アジア	5.74	3.50	4.80	4.59	-	-	-
世界	3.68	2.96	2.89	2.77	1.68	2.57	2.25
世界（アジア以外）	3.26	2.83	2.39	2.18	-	-	-

註：「－」はデータがないことを示している。カンボジアの 90 年代の成長率については、1993 年から 2000 年の平均
出所：World Development Indicators（World Bank）より筆者作成

きたわけではない点に注意したい。例えば、ブルネイは当該期間中ずっと世界平均よりも低い成長率しか実現してこなかったし、フィリピンについても80年代は低成長の時代だったといえる。日本も80年代は世界平均よりも高い成長率を実現していたものの、90年代以降はアジア平均を（さらに世界平均も）大きく下回ったままである。バブル経済崩壊後の、いわゆる「失われた20年」といわれた停滞期である。本書で扱うGD

P等はすべてドル建てとなっているため、その長期的な変化も、その時々の為替レートの変動が影響している。

一方、ベトナムやマレーシアのように、ほぼ全期間において高い成長率を誇っているような国もある。こうした中で、やはり特筆すべきは中国だろう。中国は1984年から2017年の全期間中、アジア平均を上回るスピードで成長してきたのである。このような成長パフォーマンスを発揮した国・地域は、アジアにおいても（そして世界においても）他に見当たらない。

ところで国が成長しても、そこで暮らす人々の平均所得も上がっているとは限らない。GDPの成長率よりも人口増加率のほうが高い場合、一人当たり所得はむしろ減少するからである。同図の一人当たりGDP（PPPベース）の実質年平均成長率を見ると、やはり日本とブルネイが世界平均よりも低調に推移してきたことがわかる。また、90年代のカンボジアや2011年以降のマカオなど、その期間中の平均成長率がマイナスとなっているようなところもあるが、ほとんどの国・地域で世界平均を上回る実質成長があった。

低所得国の成長率が高い理由

アジア域内の個別の国・地域の間で、なぜこのような成長率の違いが生じるのだろうか。

図表2-5　成長率と所得水準の関係

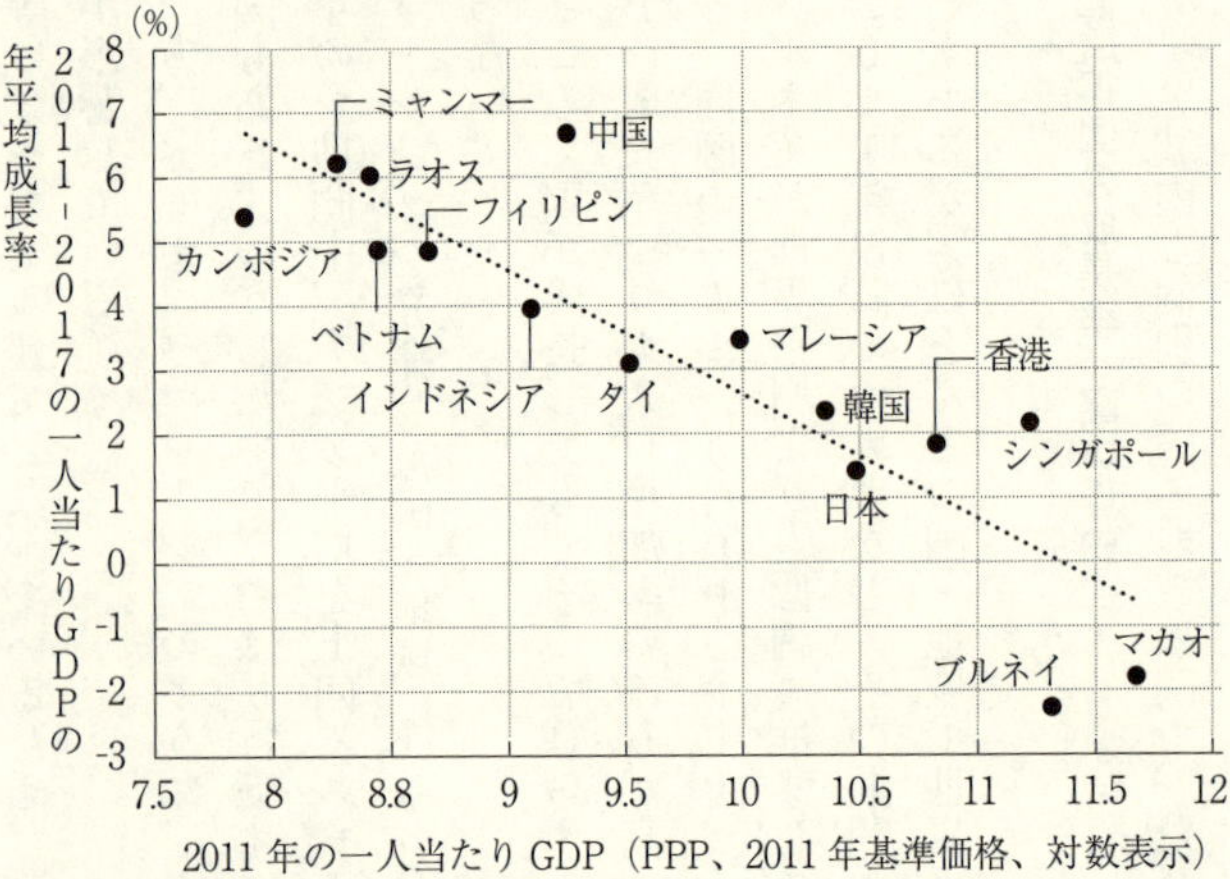

出所：World Development Indicators（World Bank）より筆者作成

先の図表2-4の2011〜17年の間のデータ（一人当たりGDP）を改めて眺めてみよう。すると、ある種のパターンが見えてこないだろうか。つまり、カンボジアやミャンマー、ラオスなどアジアで最も所得水準の低い国の成長率が高く、それに対してブルネイやマカオ、香港や日本といった所得の高い国・地域の成長率が低いのである。

経済学では、一般的に所得の高い国よりも低い国のほうが早いスピードで成長する、と考えられている。その主たる理由は、先にも取り上げた「後発国の利益」である。所得水準の低い途上国は、先進国が多大な投資と時間をかけて作り上げてきた制度や技術を、そうした開発に関わる手間なしに導入することができる、というものである。そこで、図表2-5を見てほしい。同図表は縦軸に2011年から17年までの実質一人当たりGDPの年平均成長率、そして横軸に2011年の一人当たりGDPをとり、各国・地域をプロットした散布図である。そして、同図表上に見える点線は、これらの点の分布をベースに、相関傾向を表している。これを見ると、確かに2011年段階の所得水準とその後の成長率に負の相関関係があるように見える。

この図表が示すように、仮に低所得国の経済成長率のほうが高所得国のそれよりも常に高いのであれば、成長スピードの速い途上国はいずれ先進国の所得水準に追いつくはずである。これを経済学では「収束（あるいは収斂《しゅうれん》、convergence）」と呼ぶ。言い換えれば、ある国の初期段階の所得水準がこの収束点から離れていればいるほど、その収束点に向かうスピード（成長率）は高くなる傾向がある、ということである。

走り幅跳びに挑む「陸上素人《しろうと》」の大学生に、世界の凄腕《すごうで》コーチが助走やジャンプ時の正しいフォームなどを教えるとしよう。その結果、その学生の跳躍距離は大幅に伸びるだろう。つまり、大きな成長が期待できるのである。しかし、すでに走り幅跳びの経験も知識も豊富な「陸上玄人《くろうと》」学生の記録を伸ばすのは、同じ凄腕コーチでも難しいだろう。こちらの学生については、その現段階の幅跳びの実力が高ければ高いほど、簡単に取り組めてすぐに結果が出るアドバイスの余地が少なくなり、問題点を探し出して効果的な改善を施すことが困難となるのである。すでに思いつく手はほぼ打ち尽くしてしまって「伸びしろ」が少ないため、さらなる成長もなかなか期待できない、というような状態である。

サブ・サハラ・アフリカの成長率はなぜ低いか

ここで、多くの読者は疑問を持たれるかもしれない。世界を見渡してみると、今でも少ない国・地域で貧困問題が取りざたされているし、なかなか発展への道筋を描けないで停滞している途上国も多いではないか、と。実際に、低所得国の多いサハラ砂漠以南のアフリカ（いわゆるサブ・サハラ・アフリカ）全体の、2011年の平均一人当たり所得（PPP）は3488ドルとラオスに近いにもかかわらず、その年平均成長率は0・86%とかなり低い（ラオスは7・47%）。個別の国を見ても、同様の事例は多い。例えばカンボジアの年平均成長率は5・43%だが、その所得水準に近いレソトは1・07%と、やはりずいぶん低い。

各国の成長率は、初期の所得水準以外の要因にも依存する、というのがその理由である。つまり、初期条件としての所得水準が同じレベルであったとしても、最終的に収束する所得水準は人口増加率や投資率、あるいは人的資本の質、さらには民間部門の活性化を促す経済制度など、経済成長に寄与しうる他の要因（条件）がどの程度整っているかによって決まる、ということである。こうした考え方を「条件付き収束（conditional convergence）」という。

再び先ほどの走り幅跳びの例に引き付けて考えてみよう。同じ「陸上素人」学生に教えるのでも、「体格に恵まれて運動神経も発達していて、やる気もある」学生と、「運動が苦手でスポーツ嫌いで、意欲のない」学生の2人がいたとしたら、どうだろうか。前者と後者の、上達スピードが違う可能性が高いことは、想像に難くないだろう。この場合、仮にトレーニング前の跳躍距離が同じであったとしても、前者の学生のトレーニングを通じた距離の伸び率のほうが後者よりも早い、ということになる。

第1章で取り上げた『東アジアの奇跡』報告書で指摘されたように、アジアのHPAEsには、経済成長に整合的な好条件が揃っていた。そのため高成長率が実現でき、高い所得水準も達成できたのである。一方、そうした条件がまだ整っていないサブ・サハラ・アフリカの国々ではアジアよりも成長率が低く、所得水準もそもそも低いという可能性が高い。

裏返せば、こうした他の条件を改善していけば、成長率を上げることが可能ということである。経済成長を支えるこうした諸条件には、海へのアクセスがないといった地理的条件など、変えがたいものもある。しかし、すべてがアプリオリに決まっているわけでもない。その多くは、学習によるより良い政策デザインの策定と、それを実施するという揺るぎない政治的意思と行政能力が合わされば、整備することが可能なのである。そういう意味でも、経済発展における開発政策の重要性は大きい。

2　直接投資の拡大と「アジア化するアジア」

世界の輸出の3割

戦後アジアの経済発展が、輸出をベースとした「外向き」型だった点は、第1章で見てきたとおりである。21世紀のアジア経済を考える際にも、貿易を通じた世界との関わりの重要性は無視できない。そこで、まずアジアの輸出構造の特質を振り返っておこう。その際、21世紀に入ってからの変化を明らかにするため、1990年を比較軸とした。

図表2-6はアジアの輸出高と仕向け先の変化を、北米（USMCA）と欧州（EU28）と比

その他		合計
輸出高	シェア(%)	
1,280	22.3	5,745
363	42.3	859
612	20.8	2,942
99	17.0	579
205	15.0	1,366
815	15.3	5,324
2,069	14.8	14,016
1,275	17.6	7,226
5,439	16.8	32,312

その他		合計
輸出高	シェア(%)	
13,515	29.5	45,840
7,578	34.8	21,807
1,587	23.1	6,859
1,345	24.2	5,563
3,005	25.9	11,611
3,698	17.1	21,580
9,735	19.1	50,929
9,388	30.2	31,060
36,336	24.3	149,409

図表2-6　世界貿易の中のアジア

1990年（単位：億ドル）		輸出先					
		アジア		北米		欧州	
		輸出高	シェア(%)	輸出高	シェア(%)	輸出高	シェア(%)
輸出国・地域	アジア	1,625	28.3	1,698	29.6	1,143	19.9
	中国	180	21.0	176	20.4	140	16.3
	日本	641	21.8	1,015	34.5	674	22.9
	韓国	172	29.8	212	36.6	96	16.6
	ASEAN	632	46.2	296	21.6	234	17.1
	北米(USMCA)	1,152	21.6	2,106	39.6	1,251	23.5
	欧州(EU28)	833	5.9	1,191	8.5	9,923	70.8
	その他	1,528	21.1	1,414	19.6	3,009	41.6
	合計	5,137	15.9	6,409	19.8	15,326	47.4

2017年（単位：億ドル）		輸出先					
		アジア		北米		欧州	
		輸出高	シェア(%)	輸出高	シェア(%)	輸出高	シェア(%)
輸出国・地域	アジア	15,100	32.9	9,938	21.7	7,286	15.9
	中国	4,165	19.1	5,909	27.1	4,155	19.1
	日本	2,752	40.1	1,616	23.6	904	13.2
	韓国	2,712	48.8	913	16.4	593	10.7
	ASEAN	5,471	47.1	1,501	12.9	1,634	14.1
	北米(USMCA)	4,023	18.6	10,016	46.4	3,844	17.8
	欧州(EU28)	4,551	8.9	5,061	9.9	31,584	62.0
	その他	11,333	36.5	3,673	11.8	6,666	21.5
	合計	35,007	23.4	28,687	19.2	49,380	33.0

出所：RIETI-TID 2017データベースより筆者作成

較しながらまとめたものである。1990年のアジアの輸出合計は5745億ドルと、全世界の輸出高の約18％だった。これは北米とほぼ同等、そして欧州の約4割程度の規模である。この中で、日本は2942億ドルとアジア全体の半分以上の輸出を担っていた。一方、中国の輸出高は859億ドルとまだ小さく、地域全体の15％弱、そして日本の3割にも満たなかった。また、世界の全輸出の半分近くの47％強が欧州に向かっていたのに対し（ただし、その大部分が域内の貿易）、アジアのその比率は16％弱にとどまっていた。人口規模に比して、アジアの市場はまことに小さかったのである。

1990年当時のアジア全体の輸出先としては域内向けと北米向けがほぼ同じで、欧州がそれよりも少ない状況だった。一方、アジア内の輸出先をASEANとそれ以外に分けて見てみると、ASEANが全体としてアジア中心の輸出構造をとっているのに対し、それ以外（日本と韓国）はアジア外への輸出が大きい。つまり、日本・韓国それぞれの輸出先の3分の1以上を北米市場が占めており、アジアはいずれも3割にも満たなかったのである。

今日の貿易構造は、この時代から大きく様変わりした。まず、2017年には、アジアが世界の輸出の約31％を担うようになった点が大きい。その輸出高は4兆5840億ドルと大幅に増えて北米の2・1倍となったし、欧州の5兆929億ドルにもかなり近づいた。他方、世界における輸出比率を大幅に下げたのが欧州で、そのシェアをアジアと「その他」地域が奪ったような形となっている。まさにアジアを筆頭に、世界経済における新興国の台頭を象徴しているかのようである。

もう一つの顕著な変化が、もともと輸出先としてアジアの比率が高かったASEANに加え、日本と韓国のアジア向け輸出比率も大幅に高まり、それぞれ40％を超えるようになった点である。欧米への輸出依存からアジア自身の市場の重要性が高まったという21世紀の趨勢《すうせい》がきれいに表れている。いわゆる「アジア化するアジア」という現象である（渡辺、1999：大泉・後藤、2018）。

その一方で、中国についてはアジア向けが20％を切っているところが興味深い。むしろ域外への輸出比率の高さが目立っているのである。この数値の背景には、日本や韓国、ASEANから原料や資材・部品が中国に集まり、そこで製品化されたものが世界へ輸出されるという一つの構図が見え隠れする。いわゆる「サプライサイド・インテグレーション（供給サイドの統合）」である。一方、1990年も2017年も、北米と欧州についてはいずれも基本的に域内貿易比率が高い点も興味深い。

輸出品目の変化

21世紀に入ってからのアジアの輸出構造の変化は、その品目構成の変化も伴った。例えば、中国の1992年における最大の輸出品目は衣類・靴製品で、全輸出の約23%を占めていた。しかしその後、2000年に17%、そして2016年には9%にまで縮小した。それに代わって台頭したのが電子機器・機械類である。1992年段階では全輸出の13%しか占めていなかったのが、2000年には29%にまで伸び、2016年には43%を占めるようになった。

同様な輸出品目構成の変化はアジアの他国・地域にも見られる。例えば1989年におけるタイ最大の輸出品目は穀物類（主にコメ）であり、全輸出高の17%を占めていた。これに電子機器・機械類と衣類・靴製品がそれぞれ16%、14%と続いていたが、2016年には電子機器・機械類がトップに躍り出て31%のシェアを占めるようになった。これに自動車（13%）が続き、穀類と衣類・靴製品はそれぞれ2%と1%にまで後退した。ベトナムでも、2000年の最大輸出品目は原油（26%）だったが、2016年の最大の輸出品目は他を圧倒して電子機器・機械類（38%）となっている。このように、アジアでは輸出構成が一次産品や労働集約的な工業品目から、より資本・技術集約度の高い工業製品へと比較的短期間に移行したのである。

21世紀に入って顕著となった輸出品目の高度化の流れは、経済成長によってアジアで最終消費財の需要が拡大し、輸出先としての比率が高まったことが一因である。だが先述の「アジア化するアジア」の21世紀的変化の本質は、むしろアジア各国・地域が国際的な生産・流通ネットワークとして有機的につながり始めた点にこそある。次章で詳細に扱う、いわゆるグローバル・バリューチェーンの出現である。

海外直接投資、FDI

世界経済におけるアジアの存在感は、投資の側面においても高まっている。ここでは海外直接投資（Foreign Direct Investment、FDI）に焦点を当ててその状況を見てみたい。第1章で触れたように、FDIとは、ある国の企業などの経済主体が、他国における長期的な経済活動を目的として行う投資を指す。例えば、トヨタがタイのバンコク郊外にピックアップトラックの生産工場を建設したり、キヤノンがベトナムの首都ハノイの工業団地にプリンター用の組み立て工場を操業したりするような事例がそれである。また、ソフトバンクがアメリカの携帯電話会社を買収して、現地の携帯電話事業に参入するというケースも、FDIの一つである。

ちなみに前者の、海外で新規に企業を立ち上げたりするタイプのFDIはグリーン・フィールド投資と呼ばれている。そして後者の、既存の海外企業を買収するもの（いわゆるクロスボーダー・M&A）はブラウン・フィールド投資と呼ばれ、区別されている。しかしここで重要なのは、いずれの投資形態も、海外において実際に生産や経営を行うという長期的な視点に立っている点である。

世界のFDIは80年代以降に顕著な動きを見せ始め、90年代に入ると急速に伸びた。とりわけ2000年代に入ってからの成長は顕著である。FDIに関する情報が比較的まとまっている国連貿易開発会議（United Nations Conference on Trade and Development、UNCTAD）のデータベースによれば、1990年の世界のFDI残高は2・2兆ドル（世界GDP比で9・7％）だった。しかし2000年にはこれが7・4兆ドル（同22・0％）に、そして2017年には32兆ドル（同39・0％）にまで増加したのである。

FDIは間接投資、すなわち債券市場への投資など所有権の移転を伴わないものや、短期的な利ザヤなどを目的とした株式への証券投資とは区別されている。株式の取得は、その出資比率いかんにかかわらず、所有権の移転を伴うため、原理的には海外企業の経営への参加が可能であり、FDIに分類できるかもしれない。しかし国際通貨基金（International Monetary Fund、IMF）では、少なくとも出資比率が10％以上の株式投資をFDIとしており、経営への影響力がほぼない少額の投資は対象外としている。1997年にタイを震源としたアジア通貨危機が起こったことはすでに前章で触れた。この金融危機の引き金となったのが、間接投資でアジア各国に流入した短期資金の性急な流出だった。こうした教訓から、途上国の開発戦略におけるFDIの重要性が見直されるようになったのである。

水平型と垂直型

ＦＤＩを行う企業のモチベーションは様々である。しかし、以下の二つがその中でも主だったものであろう。

第一が、輸出入に関わる諸費用の節減と投資先の市場へのアクセス向上である。対象市場国内に工場などを設立して、そこで作られた製品を現地で販売する、というものである。こうしたタイプのＦＤＩは「水平型直接投資」といわれている。ＦＤＩについては、80年代に多くの研究が出てきたが、水平型ＦＤＩに関する研究では、カナダのウェスタンオンタリオ大学（当時）のマルクセンが比較的早い時期の代表である（Markusen, 1984）。

典型的な事例としては、欧米で自動車を生産し販売するケースがあげられる。日米間で貿易摩擦が激しくなりつつあった80年代に、多くの日本の自動車企業が欧米に進出した。これは日本からの輸出に関わる物流コストの低減と、関税などの貿易費用の節約効果のためだった。この時代に筆者は中学生から高校生だったが、アメリカの自動車企業の労働者が、デトロイトの街中で日本車を巨大なハンマーでたたき壊す映像が頻繁に流れていたのを今でも鮮明に記憶している。そうした進出先市場における消費者の心理を考えれば、現地で雇用を生むことで市場に受け入れられようとする日本企業の判断があったとしても、なんら不思議ではない。

また、現地市場の需要へのより的確な対応も大きな誘因である。最近の事例でいえば、大手家電メーカーのパナソニックが、インド市場向けにカレー染みを落とす機能が付いた洗濯機を投入し、売り上げを伸ばしている。カレーがインドの食文化の中心をなすことから着想された、地場のニーズをくみ取ったインド市場向けの製品である。このようなR&D（研究開発）機能も併せて海外に移転することで、当該市場の需要により適合する商品の企画と、その製品化をより効率的に行うことができた好事例である。

一方で、こうした戦略は日本における生産の一部を海外に移転することを意味する。そのため、これまで国内生産で享受してきた「規模の経済」によるコスト削減効果が小さくなったり、また莫大《ばくだい》な生産設備などの移転費用が発生したりといった負の側面もある。これらの便益と費用を総合的に勘案し、長期的なメリットのほうが大きい場合にFDIが実行に移される。

そして第二に考えられるのが、コスト削減のための投資であろう。例えば、それまで日本で作っていたテレビを、より生産費用が低い中国などで作ることでコストを削減する、というイメージである。先のベトナムにおけるキヤノンのプリンター生産の事例もこれに当たる。こうしたタイプのFDIは「垂直型直接投資」と呼ばれている。垂直型直接投資の研究も、やはり80年代あたりから活発となる。先駆的研究としては、当時テルアビブ大学にいたヘルプマンのものがある（Helpman, 1984）。

この垂直型直接投資こそが、今日の国際的な生産分業体制、すなわちグローバル・バリューチェーンの形成を支えるものとなっている。これについては、次章で詳細に扱いたい。

FDIの様々な誘因

現実世界では、すべてのFDIがこの二つの類型できれいに分類ができるわけでもない。例えばホンダの「スーパーカブ」という小型バイクのタイでの生産を考えてみよう。日本でスーパーカブを生産して輸出するより、賃金水準が低いタイでこれを組み立てたほうが安い。同時に、こうしたタイプのバイクの需要が大きい、タイを含む東南アジア市場に近いところで製品開発を行うメリットも大きい。現地の需要に対応したものづくりを行い、市場の要求にきめ細かく対応するためには、日本でバイクを生産して輸出するよりも、現地で製品企画から生産までを行ったほうが効率的である。さらにアフターサービスまで行えば、需要の喚起も望める。今から何年も前に同社のとある東南アジア事業所を訪問する機会を得た際、スーパーカブの企画・生産についてはタイの事業所のほうがバリエーションに富み、エンジン技術に関する蓄積も高いといった話も伺った。

これ以外にも、FDIを行う理由はいくつかある。例えば(天然)資源へのアクセスである。こうしたFDIとしては、近年中国が世界中で活発な動きを見せている。中国企業がラオスの鉱山の採掘権を獲得し、自国産業への供給路を確保しながら、利益を得るというような事例がこれにあたる。さらには、税や規制の回避もFDIの誘因としてありうる。法人税率の低い国に事業所を設立したり、事業を行ううえでの規制が緩い国で操業したりするための投資もそうである。さらに先進技術へのアクセスも考えられる。世界のイノベーション・ハブの一つであるアメリカのシリコンバレーに多くの日本企業が現地法人・事務所を構えているのは、まさにそこで生まれる新しい技術や知識へのアクセスを高めるための施策である。

投資の受け皿としてのアジア

ところで従来のFDIの受け入れ先は、先進国が中心だった。それが近年、途上国の重要性が増してきた。UNCTADデータベースによれば、2000年の世界のFDIのうち、その82・5%が先進国向けだった。しかしその後、途上国へのFDIの流入が活発になり、2017年にはその比率が逆転して、全FDIの50・2%が途上国に向かうようになったのである。

FDIが途上国へと流れる主たる理由は、その投資の利益率が高いことにある。一般的には、多くの資本を持てば持つほど、追加的な資本の生産性（資本の限界生産力）は低くなるとされている。これは労働など、他の生産要素についても同様である。これを経済学では限界生産力逓減《ていげん》の法則と呼んでいる。途上国のように資本蓄積レベルが低い国であればあるほど、資本の生産性は高い傾向にある、ということになる。

もちろん途上国に投資が実際に来るかどうかは、その投資がしっかりと保護されるか、手続きが煩雑《はんざつ》でないか、さらには効率的に運用できるビジネス環境があるかなど、他の多くの条件にも依存する。こうした投資環境に関わる改善が、アジアをはじめとした多くの途上国で実現すると、世界から投資を引き付けるようになるのは当然である。実際にUNCTADが毎年発表している『世界投資報告書（*World Investment Report*）』の2019年度版によれば、世界のFDIの2018年の利益率（rates of return）が6・8％なのに対し、先進国は6・0％、途上国は7・8％である。その中でも本書が対象とするアジア（同書ではEast and South-East Asia）へのFDIの収益率は9・4％とひときわ高い数値を示している。

こうした世界のFDIの受け皿として、アジアの存在感が大きくなっているのである。図表2-7は2000年から2017年のFDIの流入先の地域別変遷をまとめたものである。なお、この図のフロー（単年度のFDIの流入）は左軸、ストック（投資残高）は右軸で表されている。また、フローに関しては年毎の変動が大きく、より長期的な傾向をつかむために

図表 2-7　地域別の対内FDIの変遷

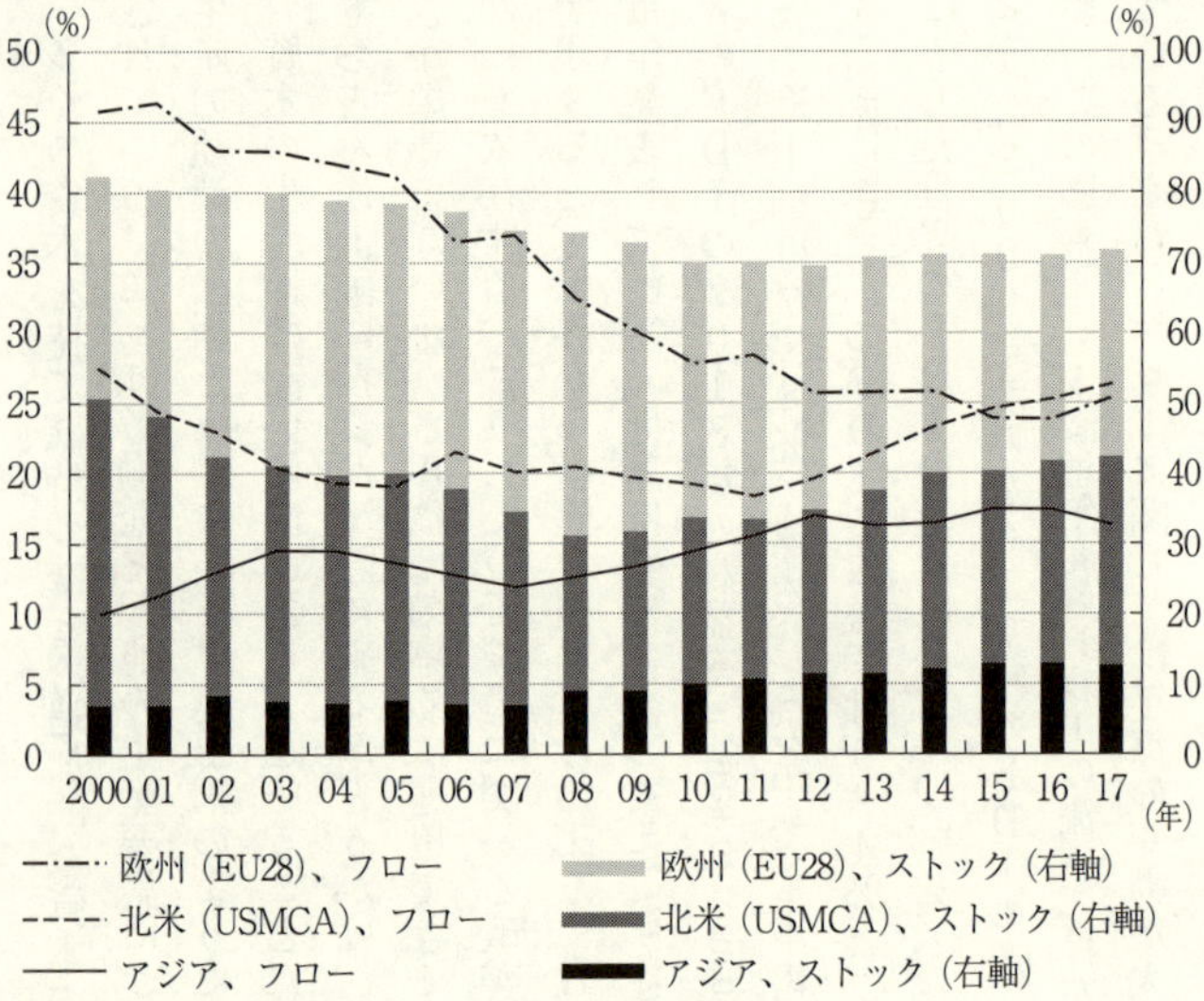

註：フローは5年移動平均値によるシェア（2016年と2017年除く）
出所：UNCTADstat（UNCTAD）より筆者作成

5年移動平均値を示している。

２０００年の世界のＦＤＩにおけるアジアの比率は、ストックベースで７％だった。それからほぼ一貫して上昇し続け、２０１７年には13％とシェアを倍近くにまで伸ばした。ストックベースの比率がこの間にこれだけ上昇したことは、アジアへの毎年のＦＤＩの流入が大きかったことを如実に示している。

次にＦＤＩフローを見てみよう。２０００年に世界で行われたＦＤＩのうち、アジアは全体の６％を受け入れていた。これが２０１７年には21％にまで上昇したのである。これは欧州（21％）、北米（23％）とほぼ同じ比率である（なお図表2-7は5年移動平均をとっているため、単年のシェアとは異なっている）。

また、先ほどの『世界投資報告書』の2019年度版によれば、2018年の世界のFDI受け入れトップ20の1位は2520億ドルのアメリカだった。これに中国（2位、1390億ドル）、香港（3位、1160億ドル）が続いた。香港は事実上中国の一部なので、中国のFDIと合計すると、すでにアメリカを上回っていることになる。そして4位はシンガポール（780億ドル）だった。他にもアジアからはインドネシアが16位（220億ドル）、ベトナムが18位（160億ドル）、韓国が19位（140億ドル）とランクインしていた。本書の対象となっていないものの、アジアの他の国としてはインドも10位に入っていた（420億ドル）。なお、日本は伝統的にアウトバウンド（対外）のFDIにおいては世界でも屈指のプレーヤーであるが、インバウンド（対内）のFDIに関しては、経済レベルを考慮すれば非常に低位にあり、このリストでもランク外である。

日本企業のFDIからわかること

ここで少し具体的に、どの国からどの国へFDIが行われているのかを見てみよう。ただし、残念ながらUNCTADのデータベースでは、2国間のFDIデータをとることができ

図表2-8　日本企業の進出先

2018年

国・地域	企業数	%
中国	6,774	22.0
タイ	2,489	8.1
シンガポール	1,416	4.6
香港	1,311	4.3
インドネシア	1,273	4.1
台湾	1,101	3.6
ベトナム	1,064	3.5
マレーシア	978	3.2
韓国	962	3.1
フィリピン	608	2.0
その他アジア	233	0.8
アジア合計	18,209	59.2
アメリカ	3,949	12.8
イギリス	934	3.0
ドイツ	838	2.7
インド	845	2.7
オーストラリア	608	2.0
その他	5,370	17.5
合計	30,753	100.0

出所：東洋経済・海外進出企業データ2018より筆者作成

ない。そこで、ここでは比較的詳細なデータが入手可能な日本に焦点を当てて、日本企業のＦＤＩ（アウトバウンド）がどの国のどの産業分野に流れているのかを見てみたい。図表2-8は東洋経済の海外企業進出データベースをもとに作った、日本企業の２０１８年の海外進出先の企業数リストである。同データベースは海外進出しているすべての企業を網羅しているわけではない。ただしその捕捉率はかなり高く、おおよその傾向を見るのには好都合な情報源である。

この図表によれば２０１８年段階における日本企業の進出先としては中国が６７７４社と圧倒的に多い状況が明らかである。これは海外進出企業数の22％を占めており、２位のアメリカの３９４９社（同12・８％）を大きく引き離している。３位以降もアジアの国・地域が目立ち、タイの２４８９社（８・１％）、シンガポールの１４１６社（４・６％）、そして香

図表2-9　日本からアジアへのFDIの内訳（企業数ベース）

2018年

	電気機器	電気機器卸売	化学	輸送機器	機械	機械卸売	他サービス	情報・システム・ソフト	化学卸売	倉庫・物流関連	その他	合計
中国	699	367	589	525	519	274	280	264	202	210	2,845	6,774
タイ	169	147	192	242	145	165	61	58	72	85	1,153	2,489
シンガポール	42	181	55	4	25	102	96	54	61	35	761	1,416
香港	55	248	21	3	9	69	54	26	93	41	692	1,311
インドネシア	74	50	109	146	53	80	29	29	33	49	621	1,273
台湾	88	139	90	40	61	68	46	29	60	14	466	1,101
ベトナム	99	36	64	64	44	42	40	68	18	42	547	1,064
マレーシア	129	52	81	42	28	69	33	20	24	35	465	978
韓国	57	120	93	44	74	66	47	51	53	19	338	962
フィリピン	80	35	41	55	17	31	34	28	7	21	259	608
他	5	4	4	10	2	4	21	10	2	25	146	233
アジア合計	1497	1379	1339	1175	977	970	741	637	625	576	8,293	18,209
比率（%）	8.2	7.6	7.4	6.5	5.4	5.3	4.1	3.5	3.4	3.2	45.5	100.0

出所：東洋経済・海外進出企業データ2018より筆者作成

港の1311社（4・3％）と続く。後発ASEANからはベトナムの台頭が著しく、1064社（3・5％）とマレーシアや韓国を抜いている状況である。

図表2-9は、日本企業がアジアのどの産業部門にFDIで進出しているかをまとめたものである。農作物や天然資源などの一次産業への投資はほとんどなく、ほぼ工業分野が占めている。特に電気機器や化学品、輸送機器（自動車など）や機械類が多い。この上位10品目で、企業数でいえば日本の対アジア投資の半分以上を占めているのが現状なのである。

3　アジアの経済統合を進めたもの

WTO

近年の国際貿易と投資の重要性の高まりは、国境を越えた経済主体同士の相互依存関係が高まったことを示している。経済統合が世界規模で、そしてとりわけアジアで進展しているのである。ここで、世界とアジアにおける地域統合の進展過程を振り返っておこう。

戦後世界の経済秩序は、財と資本の国際的な移動の自由化を保障する制度的枠組みが整備される中で形作られてきた。そして、その中で各国の経済的つながりが強まり、経済統合が進められた。こうした構想は、大恐慌後の1930年代に世界各地で起こった閉鎖的なブロック経済化と、その帰結である第二次世界大戦への反省から生まれた。その体制作りの具体的な施策の一つが、多国間の自由貿易システムの推進を目的に1948年に発効した「関税及び貿易に関する一般協定（General Agreement on Tariffs and Trade、GATT）」である。GATT体制は1995年に世界貿易機関（World Trade Organization、WTO）の設立で機能拡張・強化され、国際貿易と投資に関わる自由化の範囲が拡大してグローバル化をさらに推し進めた。WTO加盟国はお互いに「最恵国待遇（Most Favoured Nation Treatment、MFN原則）」

を与えることで、自由で無差別な国際通商ルールを順守することが求められている。

２０１９年７月時点でＷＴＯに加盟している国と地域の数は１６４に上っている。これは、世界全体の貿易額の約98％をカバーしているという計算になる。実は、本書が対象とするアジアでは、21世紀に入ってからＷＴＯに加盟したところも多かった。中国（２００１年）、台湾（２００２年）、カンボジア（２００４年）、そしてベトナム（２００７年）などがそうである。そして２０１３年にラオスが正式にメンバーとして承認されたことで、すべての国がＷＴＯメンバーとなった。

なお、これに関しては少し不思議な事実もある。中国の代表権に関わる問題である。１９７１年に「中国」の正当な主権国家として中華人民共和国が国連で認められると、それまで「中国」を代表していた台湾（中華民国）が国連から「追放」された。しかしその台湾も、中国がＷＴＯ加盟を果たした２００１年12月の翌月（２００２年１月）に、国連の一機関であるＷＴＯに「中華台北（Chinese Taipei）」という名称で正式メンバーとして加盟した。台湾がＷＴＯに加盟したほうが、中国を含めたアジア経済への恩恵が大きい、という政治的判断があったようである。

FTAの急増

WTOが世界のほとんどの国と地域をカバーするようになる中で、二国間あるいは特定地域内における自由貿易協定（Free Trade Agreement、FTA）の発効も急速に増えている。こうした地域ベースの経済統合の先駆けは、1958年に発足したヨーロッパ経済共同体（EEC）である。EECはヨーロッパ共同体（EC）を経て1993年にヨーロッパ連合（EU）に発展し、1999年には共通通貨ユーロが導入されたことで、欧州はかなり包括的な経済統合を実現した。北米でもアメリカ、カナダおよびメキシコの三国間による北米自由貿易地域（NAFTA）が成立した。さらに近年、二国間の貿易協定も世界中で活発に結ばれるようになり、WTOによれば2019年1月時点で291のFTAが発効していた。

アジアでは1967年に東南アジア諸国連合（ASEAN）、そして1989年にアジア太平洋経済協力（APEC）などの協定が地域的な経済協力枠組みとして制度化される。こうした趨勢の中、交渉中や構想段階のものも含めれば、図表2-10のように多くの国・地域が複数の地域的な経済枠組みに関わっているのである。日本もまた、こうした複雑な構図の真ん中に位置している。

日本は90年代の終わりまで、WTO中心の多国間自由貿易システムを通商政策の軸においてきた。しかし1999年の通商白書におけるFTAへの前向きな評価にも表れているよう

図表2-10　域内の重層的な経済枠組み構造

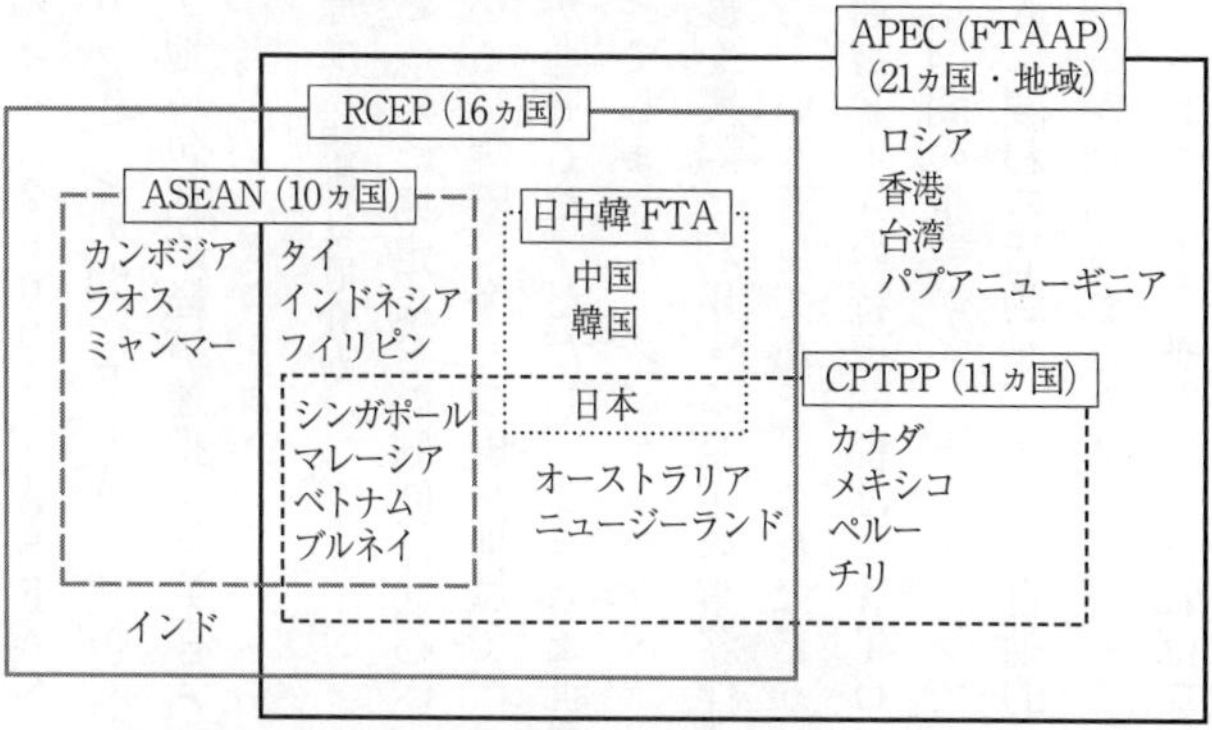

出所：外交白書2017をもとに、筆者修正

に、この時期を境に日本はＷＴＯ中心主義から二国間・地域ベースの自由貿易枠組みの推進へと政策スタンスを転換した。そして２００２年に最初のＦＴＡをシンガポールと結んだ。なお、日本ではＦＴＡを締結する際には経済連携協定（Economic Partnership Agreement、ＥＰＡ）という名称が用いられている。ＦＴＡとはＧＡＴＴ24条によって定義された合意形態だが、ＥＰＡはそれよりもより広い分野の事項を含むことが多い（関沢、２００８）。

２０１９年現在、日本は18の国・地域との間でＥＰＡを締結しており、さらに４つの交渉を進めている。本書の対象とするアジアとの関係を見てみると、上図の地域的枠組みとは別に、日本はシンガポールに加えて、マレーシア（２００６年）、タイ（２００７年）、インドネシア（２００８年）、ブルネイ（２００８年）、ＡＳＥＡＮ（２００８年）、フィリピン（２００８年）、ベトナム（２００９年）との間でＥＰＡを締結している。そして交渉中のものとして日中韓ＦＴＡや東アジア地域包括的経済連携（Regional Comprehensive Economic Partnership、ＲＣＥＰ）などがある。

原産地規則は厄介か

こうした協定などの制度に基づいた経済統合のあり方はデジュール型（de jure）と呼ばれている。実際に多くの国や地域で、この制度的枠組みの構築が進んだことで、実体経済の統合が進展した。ただし、こうした世界的なＦＴＡの乱立は、あたかもスパゲッティの麺が絡まってしまった「スパゲッティ・ボウル現象」と表現されることも多い。つまり、そうした制度を実際に利用する企業の事務作業を煩雑にした側面を強調し、それがＦＴＡ利用を阻害するという意見である。これはどういうことか。

通常ＦＴＡの特恵関税は、ＷＴＯのＭＦＮ税率よりも低く設定されている。これがＦＴＡ締結国間の企業のインセンティブである。ただし、ＦＴＡの締結国の企業であれば、その輸出入に関わる活動が、すべて自動的にこの特恵関税の対象となるわけではない。ＦＴＡの特恵関税が適用されるためには、その取引される財が、ＦＴＡ対象国内で少なくとも一定程度生産されたことを証明しなければならないのである。これを原産地規則という。

なぜこのような原産地規則があるのか。例えば、日本はベトナムとＥＰＡ（日越経済連携協定、ＪＶＥＰＡ）を結んでいる。このスキームを用いて、日本の商社がベトナムからアパレル製品を輸入するとしよう。この際、実際にはそのアパレル製品の生産が、生地などの資材調達からその縫製プロセスに至るまで、すべて北朝鮮で行われていたとする。そして、その「ほぼ完成品」がベトナムに持ち込まれ、そこで注意書きなどが記載された小さな取扱表示ラベルだけをベトナムのどこかの小さな工場で縫い付けたとしよう。この事実上北朝鮮製のアパレル製品が「ベトナム製」として認められ、日本への輸入時にＥＰＡの特恵関税が適用されてしまうとどうなるか。日本といかなる協定も結んでいない北朝鮮のような国からでも、一度ベトナムを経由することで、日本の特恵関税が利用できる状態になってしまうのである。こうした事態を防ぐため、すべてのＦＴＡにはこの原産地規則が設けられている。

ただし、こうした原産地を証明する具体的な方法は、ＦＴＡ・品目ごとに異なっているのが現状である（早川、２０１６）。そのため、貿易当事者（輸出や輸入業者）は、利用するＦＴＡや品目ごとに異なる要求に一つ一つきめ細かく対応しながら、原産地を証明する必要がある。また、それに付随する各種の必要書類なども適宜揃えて対応しなければならない。こうしたことが利用者の誘因を削《そ》ぎ、結果としてＦＴＡ特恵の利用率を低くとどめている、というのが「スパゲッティ・ボウル現象」論の示すところである。

なお、こうした意見に対し、浦田・早川（2015）は日本の実態について異を唱えている。2015年より日本でもEPA別の輸入統計が公表されるようになったが、これを用いてEPAの利用状況を調べたのである。その結果、以下の二つのことが明らかとなった。第一が、日本の場合はWTOのMFN税率がゼロとなっている品目が全体の7割を占めているため、とりたててEPA特恵関税を利用する必要がないという点である。そして第二に、EPA特恵を利用するメリットのあるものについては、8割程度の利用率があるという点である。すなわち、日本のEPAに関していえば、企業にとっては原産地規則に適応するための諸手続きを上回る便益がある。

東南アジア諸国でも、経済統合が本格化する以前の80年代よりFDI誘致のための一方的（unilateral）貿易自由化政策が活発化した。また90年代後半には、半導体やコンピューター、通信機器などの関税撤廃を進めるWTOの情報技術協定（ITA）というイニシアティブにより、自由化がさらに加速した（木村、2016）。こうした貿易自由化政策を柱としたデジュール型の経済統合が、日本を含むアジア域内の貿易・投資関係を緊密にしたことは間違いない。

デジタル経済という課題

21世紀に入ってからは、このデジュール型経済統合にも新しい課題が出現するようになった。近年特に注目されるようになったのが、アジアでも勢いを増しつつあるデジタル経済への対応である。アメリカのアルファベット（グーグル）や中国のテンセントなどの企業が提供するITプラットフォームは、今までにないほど大量で詳細なデータを流通させるようになったし、アマゾンやアリババが展開する電子商取引（EC）では、越境取引も増加している。

このデジタル・データをベースとした財やサービスの生産と流通に関わる国際的な電子的取引（デジタル貿易）に関しても、制度的枠組みの整備の必要性が言及されるようになった。デジタル経済やデジタル貿易についての定義はまだ確立されておらず、その規模の測定の試みもようやく始まったばかりである。

それでも2019年に大阪で開催されたG20では、デジタル貿易が議論された。特に焦点となったのが、デジタル・データのローカライゼーション規制である。これは、国境を超えるデータフローを制限する規制である。典型的な手段としては、各種データを蓄積するサーバーの国内設置を求めたり（国内データ保存要求）、その加工を国内で実施することを求めたり（国内データ加工要求）といったものがあげられる。さらには海外へのデータ移転に条件を課したりするケースもある。

サイバーセキュリティーに関する懸念の増大は、こうした規制の必要性の議論を呼び起こしたが、規制すれば情報の自由な流通によって生まれる新しいビジネスやイノベーションを阻害する。こうした新しい問題を、デジュール型枠組みの中でどのように制度化していくかは、今後の大きな課題である。

民間主導による経済統合

ところで、このデジュール型の統合枠組みの整備が、アジア域内の企業活動の国際展開に果たした役割は、欧米とは異なっていたとされる。欧州や北米の経済統合は、基本的にはEUやNAFTA・USMCAといった統合枠組みの策定からスタートし、それを契機に実体経済の地域的なつながりが実現した。しかしアジアの経済統合は、こうしたパターンとは少し異なる。

アジアでは、制度が経済統合を主導するデジュール型経済統合ではなく、むしろ多国籍企業がより積極的な役割を担った。域内の経済秩序の形成と展開において、ASEANやAPECといった制度的枠組みの役割は限定的だったのである（黒岩、2014、後藤、2014、西口、2004、Armstrong, 2011, Hiratsuka, 2006）。もちろん、多国間や地域間、あるいは二国間で結ばれる自由貿易協定が、今日のアジアの経済秩序の形成と展開に無関係であったということを意味するわけではない。この点は先に確認したとおりである。むしろアジアでは、他地域と比べて民間部門、特に日本を筆頭に先進国の多国籍企業が、経済統合により積極的な役割を担った点を評価すべきであろう。つまり、民間部門主導による事実上の経済統合が先行し、制度的枠組みはこれを後押しする役割を果たしたというのがアジアの経済統合の実態であるといえよう。いわゆるデファクト（de facto）型経済統合である（後藤、２０１４）。

21世紀のダイナミズム

今日のアジア経済を貿易や投資という側面から眺めてみると、20世紀とはずいぶん異なった姿が浮かび上がってくる。端的にいえば、アジア経済のダイナミズムが、域内を広範にまたぐ国際的な生産と流通ネットワークによって生み出されるようになった点が、21世紀の特徴である。このネットワークにより、各国経済は深くつながり始めているのである。

このアジアに広がる生産・流通ネットワークは、ＩＴ化の進展と国際的物流コストの低下が著しくなる90年代前後から、地理的拡大と相互依存関係の強化を伴って発展してきた。そして、このネットワークの形成と展開の主要な原動力となったのが、アジアの中でも相対的に所得レベルの高かった国々の企業の戦略的な行動だった。そうした具体的なアクターとして、日本の総合商社があげられる。

経済の成長は労働コストの上昇を伴い、労働と資本の相対価格もこれに連動して変化する（労働コストが相対的に高くなる）。すると、今まで多くの労働力に依存していた産業の競争力が低下し始める。対応策として先進アジア諸国の企業は、このような比較優位を失いつつある生産工程や機能を自社から切り離し、より安い労働力が豊富な近隣諸国に移転するようになったのである。

こうした状況は、一見20世紀のアジア経済ダイナミズムを特徴づけた「雁行型」経済発展モデルに似ているように見えるかもしれない。しかし、そこには根本的な違いがある。21世紀のダイナミズムは、産業内における国際的な分業体制、その総体としてのグローバル・バリューチェーンの展開が底流にある。これが各国の発展パターンに影響を及ぼし、企業の競争力のありようもドラスティックに変えた。この新しいアジアのダイナミズムがどのようにアジア経済を変貌させたか、そしてそれがどのような課題をアジアと日本に突きつけるようになったのか。こうした点を次章以降で紐解いていくこととしよう。

第3章　グローバル・バリューチェーンの時代

1　フルセットから国際分業へ

メイド・イン・ジャパンの変容

「爆買い」という現象が、少し前に話題となった。アジア、特に中国からの訪日観光客が炊飯器や洗浄機能付き便座といった電化製品、さらには化粧品や医薬品などを大量に買い込む様子は、ニュース番組でもよく取り上げられた。豊かさを享受し始めたアジアの中間層の旺盛な購買力に、人々は目を見張った。その底知れぬ需要は、いうまでもなく日本の工業製品に対する高い評価が生み出したものだった。

海外に行くと、日本の首相を言い当てることのできる人を探すのは難しいが、トヨタやホンダ、パナソニックといった日本企業やブランド名はよく知られている。また、こうした個別の日本製品もさることながら、それらに刻まれている「Made in Japan」という表示自体のブランド力も強い。日本といえば、性能が高くて故障も少なく、安心して使用できる工業製品の「生みの国」という認識なのである。そして「Made in Japan」という刻印は、あたかも卓越した技術力や勤勉さなどを包括した概念のように捉えられて、信頼や憧れのまなざしで見られることすらある。

これまで日本の工業製品は、その製造工程の大部分が日本において担われていたことから、文字通り「Made in Japan」だった。日本は、一つの財を生み出す生産プロセスが「フルセット」で国内に立地していた20世紀に、世界屈指の工業先進国としての地位を確立したのである。しかし21世紀に入り、状況は大きく様変わりした。

現在、私たちの身の回りにある多くの日本企業の工業製品が、実際には日本で作られていないことは、多くの読者の方々もご存知のことだろう。例えば、私の使用しているパソコンのモニターは日本企業のブランドを冠した製品だが、裏面には「Made in China（中国製）」と記してある。その横にある日本企業のプリンターは「Made in Thailand（タイ製）」である。

日本の企業が、その製品を国外で生産することは、特に目新しい現象ではない。実際に、日本国内の生産プロセスを海外でもフルセットで展開する、いわゆる「マルチ・ドメスティック戦略」は、20世紀の国際化戦略の基本だった。こうした発想は、海外展開の際に生ずる様々な取引費用に、効率的に対処する必要性から生じた。従来の多国籍企業論でも、その焦点は進出企業による現地の生産活動の「コントロール」と「内部化」にあった（ハイマー、1979）。インドネシアに進出した日本企業が現地でテレビを生産しようとする際、現地企業との取引では、品質や納期、さらには適切な部品の在庫管理など様々な調整・監督が必要となる。こうした取引費用を最小化するため、現地の生産プロセスの大部分を自社に内部化する統合化戦略がとられたりした。

典型的な事例として、タイの自動車産業がある。タイは現在、アジア屈指の自動車生産地となっており、首都バンコクから100キロ圏内に自動車関連企業が集積している。そこでは特に日系企業の存在感が高く、日系完成車メーカーと部品サプライヤーの重層的な関係が展開されている。基本的には、完成車メーカーのタイ進出を追いかけるような形で部品サプライヤーもタイに出ていったのである。それはあたかも、日本の生産組織をそのままタイに移転したかのごとくである。

しかし、今私の目の前にある中国製モニターとタイ製プリンターを構成する部品には、中国やタイ以外で生産されたものも多い。それらが中国やタイの工場に集められて組み立てられている、というのが実態である。つまり、日本の企業が製品を企画・設計し、それに必要な部品を別の国の企業が生産し、さらに別の国（この場合、中国やタイ）の企業がその部品を組み立てて完成品に仕上げる、という流れである。「Made in ○○」とは、たまたま組み立て工程を担当した企業が立地する国名を示しているに過ぎない。生産のほぼすべてが日本で行われていた時代の「Made in Japan」とは違うのである。

21世紀に入り、企業の経済活動は一国内で完結するフルセット型から、国境を越えて組織される国際ネットワーク型へとシフトした。生産の統合から分散への移行が起こっているのである。複数の国に立地する多様な企業が、細分化された生産工程の分業関係を通じてつながり始めた。製品企画や設計、生産や販売といった一連の経済活動を「付加価値創出の連鎖」と見立て、展開のグローバル化も踏まえて、それはグローバル・バリューチェーンと呼ばれるようになった。

日本において、早い段階からアジアの経済統合と国際生産ネットワークの展開を議論してきたのが、慶応義塾大学の木村福成《ふくなり》教授である。その論の展開における鍵概念が「フラグメンテーション」と「アグロメレーション」である。本項でも、まずはその整理に従って話を進めてみたい（木村、２００３）。

フラグメンテーション――シャツ生産を例に

グローバル・バリューチェーンの展開の背景には生産フローの分断、いわゆるフラグメンテーションがある。一つの企業や国の中で統合されていた生産の一連の流れ（フロー）が、いくつかの生産プロセス（工程・機能）に分断されるようになった。そして分断された生産工程は国境を越え、複雑なつながりを形づくりながら分散立地するようになったのである。これがフラグメンテーションである。そしてこの趨勢は、21世紀に入ってますます高まった。

この点を、少し嚙《か》み砕いて説明しよう。

なお本書では、個別の生産プロセスを「工程」と「機能」の両方を用いて表現する。両者の区別は、前者がより工学的・物理的なプロセスを指しているのに対し、後者はどちらかといえばデザインや経理など、よりソフトなサービス型プロセスを指す際に用いることとする。

スマートフォンでも靴でも、その生産フローは多くの異なる工程や機能で成り立っている。資本集約的な工程もあれば、労働集約的な工程もあるし、さらには知識集約的な機能もある、といった状況である。フラグメンテーションは、この生産要素集約度の異なる工程を一連のフローから切り出して、それぞれに最適な要素賦存条件を持つ場所に立地させる所作を指す。これら個々の工程をグローバルに再配置することで、全体の生産効率を高めることができるのである。このことを、アパレル産業の事例を用いて具体的に考えてみよう。

図表3-1は、シャツの生産フローを大まかに図式化したものである。

図表3-1　統合型生産体制からグローバル・バリューチェーンへ
（アパレル産業の場合）

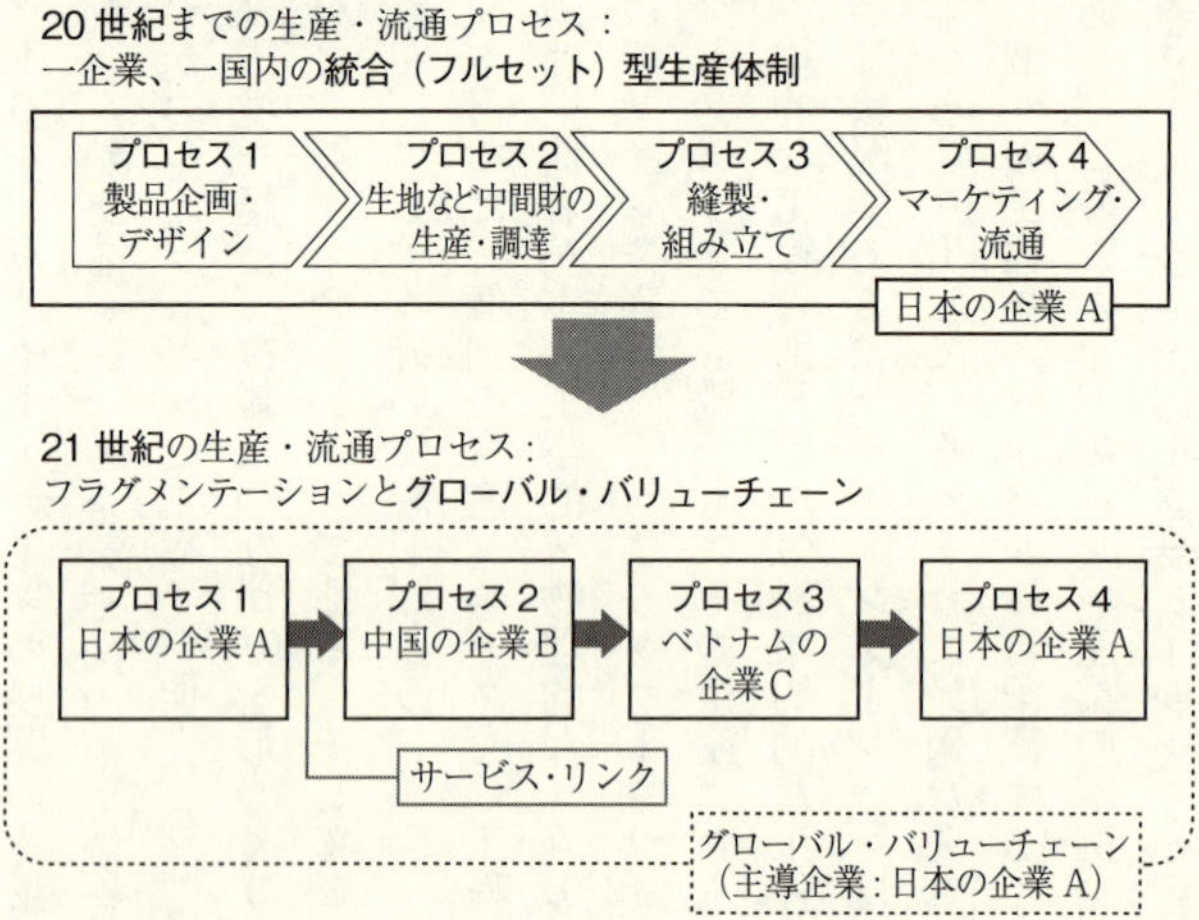

出所：後藤（2018）をベースに筆者作成

最初の「プロセス1」は企画・デザインに関わる機能である。他の工業製品と同様に、シャツ作りもブランディング戦略を含めたグランドデザインを描くところからスタートする。ターゲットとなるマーケット・セグメントと価格帯を定め、その時々の流行や市場の動向を分析して、デザインや素材といった製品仕様を決めるのである。これには大量の労働力も大型設備も必要ない。むしろ不確実性の高い市場情報を具体的な製品仕様に落とし込み、その後に続く生産工程の一連のフローを計画・管理するような能力が必要となる。このプロセスは知識や技能、さらには経験がものをいう、非常に知識集約度の高い機能である。これまで主に日本やアメリカ、ヨーロッパの先進国が比較優位を発揮してきた部分である。

製品の企画が決まり仕様書ができると、次にこれを具現化するために必要な資材（中間財）を内製、あるいは外注して調達する必要がある。これが「プロセス2」である。シャツの場合、生地がその主要な資材となる。その生産には紡績機や織機、染色機など、多くの機械設備（資本財）が必要であり、一般的に資本集約度が高い。化学繊維となれば、この傾向はより顕著となる。タイやマレーシア、中国などといった資本蓄積が進みつつある中所得国が得意な工程である。

その次が「プロセス3」である。生地を裁断したり縫い合わせたりすることで、シャツ（完成品）に仕立てる縫製工程である。いわゆる「組み立て」である。この工程は多くの労働力を必要とし、極めて労働集約的である。カンボジアやミャンマー、さらにはベトナムなどに適した工程である。

そして最後に完成したシャツを流通に乗せて、市場に投入する「プロセス4」である。これがうまく実施されなければ、企業は在庫の山を築くこととなる。そうした市場形成に関わる工程では、流通チャネルの設定と選択が重要となる。そして、この流通戦略がブランディングやパブリシティー戦略とうまく連動する必要もある。この工程は「プロセス1」との関連性が非常に高い知識集約的な工程であり、やはり先進国に比較優位がある。

ここでは単純化のため、20世紀までの統合型の生産体制では、これらの四つのプロセスが企業Aの中で行われていたとしよう(図表3-1の上段)。フラグメンテーションが進むと、この四つのプロセスが分断されて、国を越える形で再配置され、グローバル・バリューチェーンが形成されるようになる。これを表しているのが図表3-1の下段である。

このグローバル・バリューチェーンにおいて、日本の企業Aが担うのはプロセス1と4である。一方で「プロセス2」は中国の企業Bが、そして「プロセス3」はベトナムの企業Cが担当している。前章の図表2-3に示されているように、日本、中国とベトナムの一人当たり名目GDPはそれぞれ3万8430ドル、8827ドル、2342ドルである。日本貿易振興機構(JETRO)の「投資コスト比較」データベースを見ると、東京、上海、ホーチミン市のそれぞれの一般工職(ワーカー)の一月当たりの給料がそれぞれ2578ドル、662ドル、そして242ドルとなっている。やはり一人当たりGDPと同じような相対差があり、この3ヵ国の賃金水準(労働コスト)の違いは明らかである。

こうした状況を反映して、ベトナムは労働集約的な「プロセス3」を担い、汎用技術中心の資本集約的産業で競争力を発揮している中国が「プロセス2」を担うのが合理的となる。

そして日本に立地する企業Aは高い賃金水準を吸収できる高付加価値工程、すなわち知識集約的な「プロセス1・4」に特化することが理に適う。

主導企業

同図の中で、日本企業Aは、グローバル・バリューチェーンを組織する統括主体であり、主導企業（lead firm）と呼ばれることが多い。この主導企業が重要なのは、それがフラグメンテーションのあり方を決定するからである。つまり、どの国の、どの企業が、どの工程を担うのかを決めてバリューチェーンを組織するのが、主導企業なのである。これら主導企業は強いブランド力を持ち、製品企画や市場展開を主導するパナソニックやソニーといった製造業者（いわゆるセットメーカー）や商業・流通業者であることが多く、チェーンの他の企業よりも優位な立場にある。グローバル・バリューチェーンを形作る一連の工程・機能のつながりは、それを統括する主導企業の戦略的行動の結果生まれるものである。

ちなみに、ほとんどの産業は、生産者主導型かバイヤー主導型のいずれかのバリューチェーンに類型化できるとされている。前者は自動車や電子・電器産業など重厚長大型産業に多く見られ、後者は生産設備を必ずしも所有しない、アパレルや靴などといった消費財産業が一般的である（川上・後藤、2018）。

主導企業である日本企業Aにとってのバリューチェーン構築の利点は、得意分野に集中することで競争力を先鋭化させることと、自分が不得意な工程を、それが得意な他社に委ねられる点にある。換言すれば、バリューチェーンの時代においては、①中核的競争力を発揮できる事業分野や工程・機能、いわゆる「コア・コンピタンス」に事業を集約し、②他の工程を担える企業との関係を構築することが、競争戦略の中軸をなす。これは、統合型生産体制からの企業戦略の大きな転換を意味している。後の章で、この点が今日の日本企業にもたらす影響について、述べたい。

21世紀に入り、貿易自由化による経済の統合（integration of trade）は著しく深化した。その一方で、生産の分散（disintegration of production）も進んだ。グローバル・バリューチェーンの時代においては、このように一見すると相反する事象が同時進行で起こっているのである（Feenstra, 1998）。そして、こうしたダイナミズムは、特に域内の多様性が高いアジアにおいて顕著である。

サービス・リンク・コスト

フラグメンテーションを通じた個別工程の生産効率の上昇は、全体の効率性の最適化を最終的な目標としている。ただし、統合型の生産組織が実際にグローバル・バリューチェーンの展開に至るかどうかは、分断された個々の工程をつなぐサービス・リンク・コスト次第である。

図表3-1のグローバル・バリューチェーンでは、各プロセスがサービス・リンクという矢印でつながっている。これは日本のA社が比較優位を持たない工程を外部化した結果生じた、一種の新たなトランザクション（transaction、取引）である。異なる工程・機能をスムーズにつなぐためには、製品や技術特性に関する情報の共有と、工程間の物理的連携が担保される必要がある。統合型生産体制においては、こうしたトランザクションはさほど大変なことではないかもしれない。異なる工程や機能を担う部署間の業務調整を、社内で図ればよいだけだからである。しかし、フラグメンテーションにより各工程が企業や国の枠組みを超えた広がりを持つようになると、その調整・連結のための費用は著しく大きくなる。

例えば、A社はシャツに使用する生地の組成や織組織、色などといった諸規格について中国のB社と協議したり、場合によっては生産技術を移転したりする必要も生じるかもしれない。この場合、A社とB社との間で、担当者同士の円滑なコミュニケーションを可能とする情報通信サービスが必要となる。また、中国のB社が生産した生地は、その後ベトナムにあるC社の工場まで輸送されなければならない。ここでは国際物流サービスも必要となる。サービス・リンクには、こうした情報通信や物流のコスト、また輸出入に関わる関税障壁や諸手続きなどといった費用がある。さらに、企業間取引における契約履行に関わる諸リスクへの対策など、より広義のトランザクション・コスト（取引費用）も発生する。

フラグメンテーションの結果、各工程の生産効率が上がったとしても、サービス・リンク・コストが生産費用の節約効果よりも大きい場合、全体としてはむしろコストが増加してしまう。その場合、統合型の生産体制のほうが合理的となり、グローバル・バリューチェーンは形成されない。

21世紀に入って、グローバル・バリューチェーンの展開が勢いづいたのは、このサービス・リンク・コストが著しく下がったからである。その要因としては、先に述べた国際貿易における関税障壁の低下など、貿易自由化の進展があげられる。また、国際物流コストの低下も大きい。しかしその最大の要因は、インターネットをベースとした情報通信技術（Information and Communication Technology、ICT）の進展と広範な普及にある。

グローバリゼーション研究において、多くのパイオニア的業績を持つジュネーブ高等国際問題・開発研究所のリチャード・ボールドウィン教授は、国境を越えた生産分業体制を「第二のアンバンドリング」とした（ボールドウィン、2018）。つまり、これまで一つの国の中で統合されていた生産フローが分離・分解（アンバンドル）し、国境を越えるようになったということである。この具体的現象としてグローバル・バリューチェーンに注目し、その展開におけるICTの決定的役割が指摘されている。

ICTの決定的役割

筆者は90年代の半ばごろまで、とある総合商社のアパレル部門で働いていた。当時、すでに日本の縫製産業は競争力を失っており、工程の海外展開を積極的に行っていた。その中で、アジアにおける有力な縫製基地として、中国があった。

90年代の前半といえば、まだインターネットが日本の企業に普及していない時代だった。中国の縫製企業とのやり取りも、出張ベースで行うのが基本だった。中国との国際電話は高価で、加えてスムーズな意思疎通には「言葉の壁」問題もあった。そのため、細かい仕様に関する技術的な情報の伝達と共有は、結局担当者が飛行機に乗って現地に赴いて行うのが現実的だったのである。今となっては信じられない話かもしれないが、当時、生産委託をしていた縫製企業は、上海の浦東《プードン》地区のど真ん中にあった。現在の浦東エリアといえば、上海でも最も近代的な地区である。しかし今から四半世紀ばかり前は、雑多な街中に縫製工場が操業していたのである。同地区の象徴的な建造物となったテレビ塔も、まだ完成していなかった。そういう場所に、日本から出張で行ったりすると、「遠くに来たな」などと感じたものだった。

それが今では、インターネットにつながった関連アプリケーションを使えば、かなり高精度なテレビ会議がほぼ無料でできるようになった。仕様書やパターン等も、データ化して電子メールで送付できる。物理的に人が国を越えて移動しなくても、広域に分散立地するようになった工程や機能の調整が、かなりの程度可能となったのである。

特定の工程に関する情報がより簡単に国境を越えるようになると、これにつられてさらに多くの工程が海外に移転される状況が生まれた。熟練した技術者の職人技が最終品質を左右するといわれる金型も、その生産にまつわる情報が非常に詳細なレベルでデータ化できるようになったため、海外移転が進んだことはよく知られている。

もちろん20世紀にもグローバル・バリューチェーンは存在した。しかし、それをあらゆる産業部門にまで広げ、展開を一気に後押ししたのは、やはり90年代後半以降のインターネットと関連技術の普及だった。そして、このＩＣＴの普及がグローバル・バリューチェーンの展開と深化に及ぼした影響は、やはり多様性の高いアジア域内でとりわけ強かったのである。

アグロメレーション

ところで、生産工程のフラグメンテーションが進むと、今度は生産フローにおける特定の工程が同じ場所に集まるようになる。これが「アグロメレーション」である。ベトナムを例にアグロメレーションについて考えてみよう。

ベトナムが本格的にグローバル経済とつながり始めた90年代の中頃、輸出品といえば原油やコメ、水産物といった一次産品が中心だった。それが21世紀に入るあたりから、徐々にアパレルや靴などの工業製品分野に移っていった。この背景には、同国がグローバル・バリューチェーンに組み込まれ、その中でアパレルや靴に関連した労働集約的な生産工程を担うようになったことがある。そしてこれが、ベトナムのその後の本格的な工業化と急成長を支えることとなる。

この結果、2010年にそれまで輸出のトップだった原油に代わって、初めて工業製品であるアパレル製品が最大の輸出品目となる。図表3-1が示すように、ベトナムがアパレルのグローバル・バリューチェーンの中で担っていたのは、労働集約的な縫製部門が中心である。この間、ベトナムは世界有数のアパレルの輸出国として台頭してきた。2000年には1・0%だったアパレル輸出における世界シェアも、2015年には4・9%にまで拡大した。これは、中国とバングラデシュに次いで、世界で第3位のポジションである（ちなみに2000年は161ヵ国中28位）。

ベトナム国家統計総局によれば、ベトナムの縫製企業数も2000年の579社から2015年には5981社と10倍となり、同産業に従事する労働者数も23万人から134万人に増加した。この過程で、ハノイとホーチミン市、さらにその近隣省に縫製企業の顕著な集積が見られるようになった。アグロメレーションとは、この事例のように、フラグメントされた特定の工程や機能を担う企業が正の外部性効果を通じて地理的に集積する状況を指す。同理論については1990年代以降、特に空間経済学の分野から主に収穫逓増モデルを用いた研究が、産業集積や都市の生成メカニズムとの関連で多く生まれている。

ところで2011年以降、電子機器・機械類がベトナムの最大の輸出産品に躍り出た。その輸出比率は以降堅調に伸び続け、2017年には全輸出の43・7%を占めるようになり、これにアパレル(11・3%)、靴(7・1%)が続いた。その輸出品目の中でも、特にスマートフォンやプリンターなどコンピューター関連機器が大きな割合を占めると聞いて、驚く方もいるかもしれない。「ハイテク機器」を輸出するベトナムは、日本やアメリカと肩を並べるような技術大国となったのか、と。こうした感想は、フルセット型の生産様式が主流だった20世紀までは妥当だったかもしれない。しかし、フラグメンテーションが進んだ結果、工程レベルの比較優位が重要となったことは、これまで述べてきたとおりである。ベトナムがスマートフォンの生産の中で担っているのは、結局はアパレル産業と同じ労働集約的な組み立て工程なのである。製品設計や基幹部品の生産などは、すべて国外で行われている。これがベトナムにおけるアグロメレーションの実態である。

グローバル・バリューチェーンの時代において比較優位は、産業を超えて機能や工程、もっと一般化していえばタスク（仕事）ベースとなったのである。以前のように、それを完成品や産業のレベルで語ることは、ほぼ意味をなさなくなった（Grossman and Rossi-Hansberg, 2006）。

フラグメンテーションとアグロメレーションという二つの異なるダイナミズムの相互作用が、グローバル・バリューチェーンの展開を支えている。フラグメンテーションによる生産工程の効率的な地理的再配置と、アグロメレーションによる収穫逓増による個別工程の効率性上昇の組み合わせ、すなわち集合的効率性（collective efficiency）がグローバル・バリューチェーンの競争力の源泉なのである（Schmitz, 1995; Schmitz, 1999）。こうした視点は、経済統合が進んだ21世紀のアジア経済の理解において特に重要である。

2　アジア域内貿易の進展

中間財比率の高さ

比較優位が工程・機能のレベルで決まるようになると、アジアの域内貿易のあり方も大きく変化した。これまで主流だった異なる産業間の貿易（垂直貿易）から、同じ産業内の貿易（水平貿易）に重点が移ってきたのである。この水平貿易の進展の背景には、フラグメンテ

図表 3-2　アジアの域内貿易の構成変化

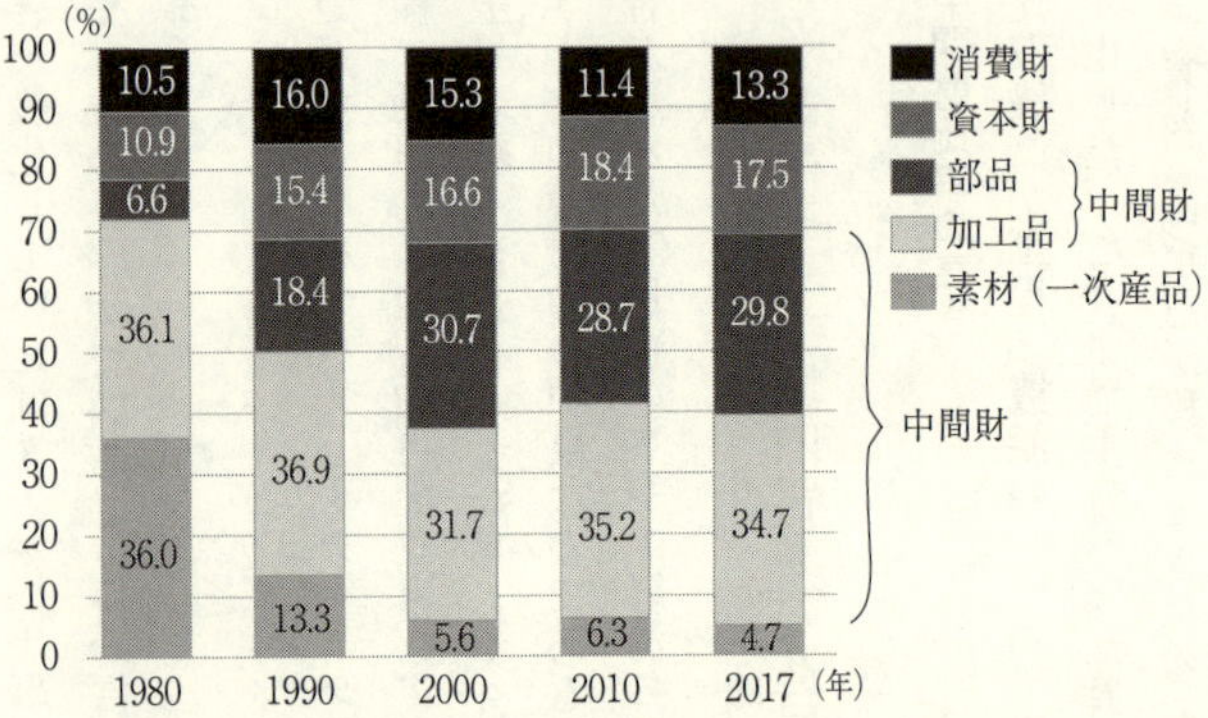

図表 3-3　域内貿易構成の地域間比較（2017 年）

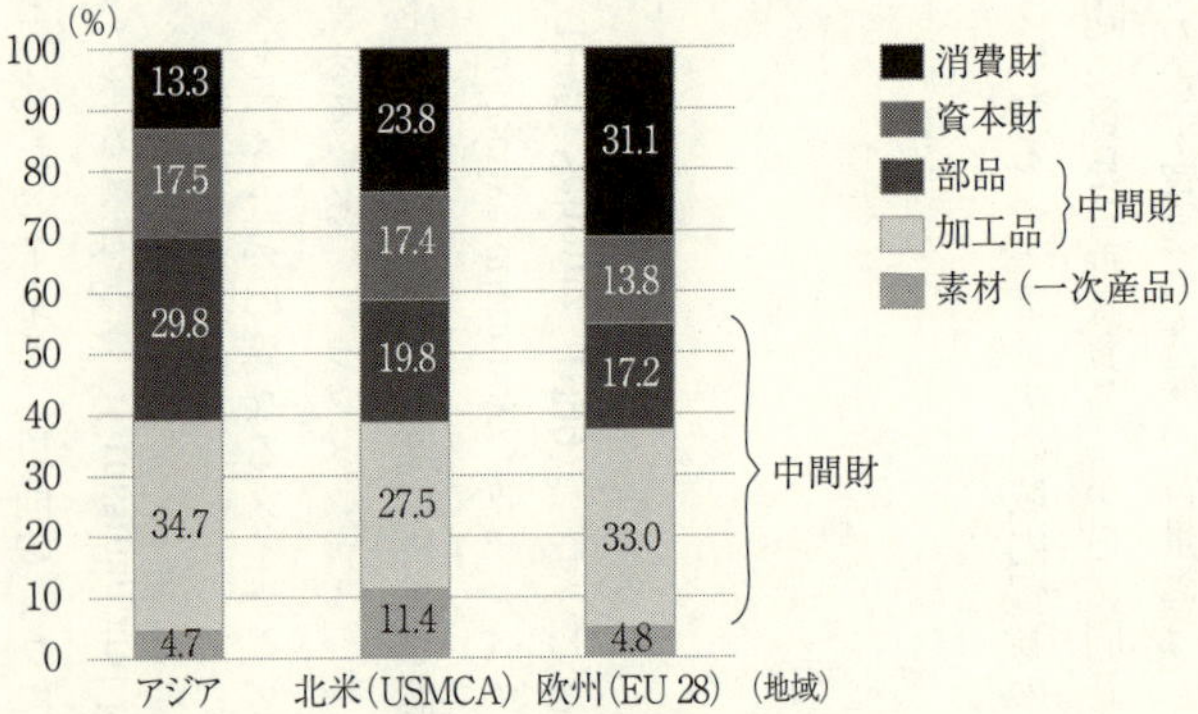

出所：RIETI-TID 2017 データベースより筆者作成

ーションによって、一つの最終財を作るための部品が国境を越えて移動するようになったことがある。

図表3-2はアジアの域内貿易の財別構成がどのように変化してきたかをまとめたものである。この中で、図表3-1の中間財に当たるのが「部品」と「加工品」である。これらが域内貿易に占める比率を見てみると、1980年にはそれが42・7％だった。しかしシェアはその後拡大し続け、2017年には64・5％となった。

図表3-3は2017年のアジアの域内貿易の財別構成を、同年の北米（USMCA）と欧州（EU28）と比較したものである。これによれば、北米と欧州の中間財比率はそれぞれ47・3％と50・2％と、アジアより低い。この図表には反映していないが、実は1980年時点の中間財比率を見てみると、アジアについては先に述べたように42・7％にとどまっていたのに対し、北米および欧州はそれぞれ46・7％と50・0％と、すでに2017年度とほぼ同じ水準だったのである。アジアにおける中間財の域内貿易比率が高いのみならず、それが過去約40年の間で他地域よりも顕著に拡大してきた点は、注目に値する。

一方で、消費財比率については北米が23・8％で欧州が31・1％となっており、アジアの13・3％を大きく上回っている。これは、差別化された最終財が生み出す需要に起因する貿易が、これらの地域で活発であることを示している。たとえるならば、デザインや性能において異なる特徴を持つフランスとドイツが、それぞれ相手国の自動車を輸入し合っているようなものである。先進国同士の域内貿易の典型的なパターンである。

アジアの域内貿易における中間財比率が他の二地域と比べて高いというデータは、グローバル・バリューチェーンがアジアにおいてより高度に発達している状況を示している。アジアが北米と欧州と比較してこのような特質を持つのは、なんといっても域内の要素賦存の多様性がこれら二つの地域よりも著しく高いことが第一の要因である（後藤、2014）。

オフショアリングとアウトソーシング

グローバル・バリューチェーン時代のものづくりは、国や企業という枠を超えたつながりの中で行われていることはすでに述べた。主導企業にとっては、集合的効率性を最大化させるために、そのバリューチェーンの効率的な組織化が最重要課題となる。その際、フラグメントされた個々の工程や機能を、どのように外部化してつなぐのか。こうした観点は、企業が実際にアジアでビジネスを展開する際に出てくる問題である。

前章では、21世紀のアジア経済の特徴として、FDIの重要性について見てきた。企業がフラグメンテーションで特定の工程や機能を海外に移転する際、FDIが重要な手段であることに間違いはない。ただしグローバル・バリューチェーンは、FDIによってのみ成り立っているわけではない。そこには企業の内製・外注選択という戦略的決定が入り込むのである。例えば、それまですべての工程・機能を社内で担っていた企業が、その一部をＦＤＩによって海外に移転した場合、生産フロー自体は内部にとどまることとなる。他方、その工程を社内業務から切り離して海外企業に委託する方法もあり、この場合は国際的な企業間の分業関係をもたらす。

後者の形態による経済統合は、アジアの途上国の地場企業を国際的な生産・流通ネットワークに組み込むという点において、ＦＤＩとは大きく異なる。国際開発や援助の世界において、グローバル・バリューチェーンの可能性が国際機関などで議論されるようになったが、そこでも主にこのタイプの展開が念頭にある。実際のグローバル・バリューチェーンも、こうした所有関係のない海外企業との取引関係が趨勢を占めるようにもなってきている。

バリューチェーンの主導企業にとっては、自社の比較優位がある中核的機能（コア・コンピタンス）以外の工程を、最も合理的な方法で外部化することが重要となる。その際、①海外移転（オフショアリング）と②外注化（アウトソーシング）の二つの戦略軸が鍵となる（図表3-4）。主導企業は、この二軸の交差によってできる四つの戦略を、それぞれの工程間に最適な形で組み合わせることで、バリューチェーンを組織するのである。

この図の左上の（1）「オフショアリングもアウトソーシングも、どちらもしない」は、

図表3-4　外部化の二つの戦略軸

		① オフショアリング軸	
		なし	あり
② アウトソーシング軸	なし	(1) 中核的競争ドメイン（自社の機能）	(2) 自社海外事業所（FDI）
	あり	(3) 国内外注	(4) 海外外注

出所：筆者作成

対象となる機能・工程を自社で担う戦略である。いわゆる中核的競争力を持つ工程・機能であり、主導企業にとって最も重要なビジネス・ドメインである。本社で担う長期的経営計画や、最重要技術に関する研究開発（R&D）などといった機能もここに含まれる。

次が（2）の「オフショアリングはするが、アウトソーシングはしない」という戦略である。前の章で詳細に述べたFDIがこれにあたる。工程や機能自体は社内にとどめておきながらオペレーションを海外に移転する、というものである。これは、日本国内の生産要素賦与条件はすでにこの工程には適さなくなったが、それを担うためには企業独自の技術や方法が重要なため、内部化したまま各工程・機能を統制したい、というモチベーションが考えられる。

（3）は「オフショアリングはしないが、アウトソーシングはする」という、国内企業への外注である。これはグローバル化が進む以前のフルセット時代からあった企業間関係である。トヨタが開発した、いわゆる「かんばん方式」（ジャスト・イン・タイム〔JIT〕システム）もこれに該当する。つまり、セットメーカーと部品サプライヤー間の緊密な企業間関係から成り立つフレキシブルな生産体制と、それを支える部品在庫の効率的な管理方法である。

そして（4）は「オフショアリングもアウトソーシングも両方行う」という、海外の企業への工程の外注である。近年のアジア企業の技術力の向上には著しいものがあり、分野によっては世界でもトップの競争力を持つものも現れている。こうした地場企業との連携は、電子・電器産業などで増加している。途上国の経済発展で、先進国企業から地場企業への技術移転などとの関連で、開発政策上でも注目される形態である。

ガバナンスの5分類

グローバル・バリューチェーンの組織化という観点では、アウトソーシングとオフショアリングという大きな戦略軸に加え、「ガバナンス」という概念も重要となる。ここでは、外部化された工程や機能を担う主体間の関係が議論の中心となる。

グローバル・バリューチェーンを組織する際、分断された個々の工程・機能を、企業の枠組みを超えて有機的に連携させ、そのうえで集合的効率性も達成しなければならない。この作業は、さほど簡単なことではない。その協働関係がしっかりと機能するかどうかは、バリューチェーンの企業間の関係次第である。グローバル・バリューチェーン研究における「ガバナンス（統治）」という概念は、こうした問題を考える際に有効である。

図表3-5 グローバル・バリューチェーンにおけるガバナンスの類型

ガバナンスの類型	①取引の複雑性	②取引のコード化の可能性	③サプライヤーの能力	主導企業による取引の組織化の度合い、主導企業・サプライヤー間のパワーの非対称性の程度
市場型（market）	低	高	高	低
モジュラー型（modular）	高	高	高	↑
関係型（relational）	高	低	高	
下請け型（captive）	高	高	低	↓
階層組織型（hierarchy）	高	低	低	高

出所：川上（2012）（元出所、Gereffi, Humphrey and Sturgeon［2005］）

図表3-5は、デューク大学のゲーリー・ジェレフィ教授らによるガバナンスの分類をまとめたものである。なお、ここでは主導企業以外の企業を「サプライヤー」と呼ぶこととする。

ガバナンスの分類には、主導企業による組織化の程度（サプライヤーへの関与の強さの度合い）と、主導企業とサプライヤー間の力関係の差（技術力やブランド力の違いから生ずる主導企業の優位性の度合い）という相関する二つの変数軸がある。それらの小さな順から（1）市場型、（2）モジュラー型、（3）関係型、（4）下請け型、そして（5）階層組織型という五つのタイプの類型がある。

主導企業が特定の工程・機能を外部化する際に、どのガバナンス類型に即した関係構築をするかは、①取引の複雑性（製品と工程・機能に関わる知識や情報の複雑さと、それをサプライヤーに伝達する複雑さからなる）、②取引のコード化の可能性（①の複雑な知識・情報をサプライヤーに伝える際の効率性）、そして③サプライヤーの能力（あてがわれた工程・機能を遂行するための能力）、の三つの変数で決まる、とされている。

自転車産業を例に

図表3-5の出所であるジェレフィらの論文に、自転車産業の短い事例が取り上げられている。これに補足を加えながら、ガバナンスとその三つの決定要因について、少し具体的に考えてみよう。

19世紀の終わりに自転車産業が興った時、その生産形態は統合型だった。各自転車メーカーがそれぞれ完成品の設計を行い、独自に各部品を内製して組み立て、販売していたのである。自転車の生産プロセスにおいては、まずはギアやチェーン、タイヤやフレームなどの各部品が互いに接合しなければならない。そのため接合部、つまりインターフェイスがかみ合うように調整することが重要となる。また、こうした各部品を組み立てた結果が、完成品仕様（機能とデザイン）とも整合的でなければならない。こうした諸々の調整が社内で行われていた。ジェレフィらの分類に即していえば、そのガバナンス形態は「階層組織」型だったのである。

自転車産業においても、部品の生産にはそれぞれ特殊な技術や知識が必要である。ギアを生産するための技術や知識は、フレームのそれとは全く違う。このような状況下で「階層組織」型のガバナンスを採用した場合、技術特性の異なる部品すべてに関して生産性や質の向上を独自で行う必要がある。これは非常に大きな非効率を内在している。

しかし、これらを他の企業に外部化しようとすれば、今度はサプライヤーの数だけ仕様やインターフェイスなどに関する情報の共有が必要となる。企業内での情報共有ならまだしも、相手が他社となるとこの取引費用は相当大きくなる。この際、共有すべき製品や工程に関する情報の量・複雑さが「①取引の複雑性」に該当する。また部品ごとに要求される種々の特性を、数値化するなどしてシンプルに形式化（コード化）できれば、情報共有が容易になって効率性が上がる。例えば、ギアの場合はその素材の組成、歯数と大きさや厚さ、軸穴の形などの情報である。そういう個別情報を数値化したり、あるいはデジタルデータ化できたりすれば、情報共有が効率化される。これが「②取引のコード化の可能性」である。また、部品生産の受け手となるサプライヤーの能力次第では、情報の共有だけでは足りず、技術移転などが必要なこともある。これが「③サプライヤーの能力」である。

自転車産業の創成期においては、①が「高」、②が「低」、そして③が「低」となるため、すべてを内製する統合型の「階層組織」型が適合的だったのである。

しかし時が経つにつれ、自転車産業でも特定部品に特化する企業が出てくるようになる。そして、次第にそうした専門的サプライヤーの部品を使って完成車を組み立てる企業の競争力が、統合型企業を凌駕《りょうが》するようになった。自転車のギアやシフトの際に用いる変速機を作るシマノという日本企業があるが、このような特定の部品に特化する企業が出現したのである。現在の自転車は、ほぼすべてシマノのような特化されたサプライヤーの部品を組み合わせることで作られている。例えば、ジャイアント（GIANT）という台湾の自転車メーカーがあるが、ここは特にフレームの生産において優れた技術を有している。GIANTはそのフレームをベースにして、中・低価格帯の一般向け自転車から競技用自転車まで幅広い製品ラインアップを備えているが、その自転車の多くにはシマノの変速機やブレーキが使われている。

こうした変化が起こった背景には、部品間のインターフェイスの共通化があった。シマノのような強力な部品サプライヤーのインターフェイスが事実上の標準となることもあれば、業界団体がそうした標準化を進めることもある。いずれにせよ、サプライヤーの能力向上や共通インターフェイスの登場など、ビジネス環境に大きな変化があった場合、最適なガバナンス形態のあり方も変化するのである。部品とインターフェイスが標準化され、能力の高いサプライヤーが出てくる、つまり①が「低」に、そして②と③がそれぞれ「高」に移行すると、標準化された共通インターフェイスを持つ部品を、シマノなどの基幹サプライヤーから調達することが合理的となる。自転車産業も、こうした経緯を経て「市場」型のガバナンス形態に移行したのである。

グローバル・バリューチェーンにおけるガバナンスの形態が、サプライヤーの能力によって変わるという視点は、アジア経済のダイナミズムを理解するうえで重要である。21世紀に入り、日本を除くアジアの技術的キャッチアップには著しいものがある。こうした状況下においては、そうした企業を巻き込んだグローバル・バリューチェーンを主導している日本企業は、関係性の戦略的転換を視野に入れる必要が生まれる。これについても、後の章で論じることにしよう。

3 「高度化」の三類型――工程・製品・機能

高度化とは何か

さらにグローバル・バリューチェーンの研究においては、研究対象とする国や企業が統合された生産・流通体制の中でどのように「高度化（upgrading）」を実現すべきか、という問題関心がその中心に据えられている。経済の高度化といった場合、20世紀では産業の変遷をベースにした高度化の道筋を前提としていた。しかし21世紀に入ると、そうした見方が意味をなさなくなったことは、これまでにも述べてきた。むしろ産業横断的に見られる生産プロセス、換言すればその国の企業が担うタスク（仕事）の高度化に焦点が当てられるようになったのである。

「高度化」という言葉は最近、経営トップや国のリーダーたちによって普通に使われるようになった。しかし、その使用方法は何か定まった定義や文脈に即しているわけでもなく、バズ・ワード化の感が否めない。グローバル・バリューチェーンでは、この高度化を「工程」、「製品」、そして「機能」の三つに定義して分類する方法が定着している。これら高度化について、再びアパレル産業の事例を用いて考えていくことにしよう。

工程の高度化

「工程の高度化（process upgrading）」は、特定の工程や機能の技術的な生産効率の向上を指す。つまり、技術的な生産効率化により生産数量を上げるということである。アパレル産業の労働集約的な縫製工程でいえば、品質を保ちながら縫製工場の一人・一日当たりの生産枚数を上げる、というイメージである。このタイプの高度化を目指す場合、主要な論点には新しい生産設備の導入や工場内生産システムの改良、さらには労務管理など間接部門の改善などがある。

アパレル産業の場合、最新鋭のミシンやCAD（コンピューター支援型デザインシステム。型紙作成や、使用生地量最少化のための型紙パーツ配置の最適化などに用いる）・CAM（コンピューター支援型生産システム。生地の自動裁断などに用いる）を導入したりするのが典型的事例である。しかし実際の縫製工程では、単に新しい機械設備を導入すればよいというものではない。効率性の向上を図ろうとすると、他にも難しい問題が出てくるのである。

縫製という工程は、労働力を機械（資本）で代替することがなかなか難しいという技術的特徴がある。自動化ミシン、というものが最近は出ているし、生産ラインの中の仕掛品の搬送も、ハンガーシステムの導入で自動化されるようになった。しかし、自動車の生産ラインのように、労働者を完全に機械で置き換えるのは、特に織物をベースとしたアパレル製品については今の技術では相当難しいとされている。そのため、縫製工程の生産性は、縫製作業に直接従事する労働者（縫製直接工員）の技量に大きく左右される。

一般的に縫製工程には、多くの「非熟練労働力」が必要である、などと表現されることが多い。そのせいか巷《ちまた》ではこの工程があたかも簡単であるかのようなイメージが持たれている。

筆者は、総合商社で働いていた今から20年以上前に、取引先の縫製企業に数週間研修に行ったことがある。そこで実際にサンプル品を作成したり、縫製ラインで作業する工員さんの「お手伝い」のようなことをした。しかし私は何一つまともにできず、役に立たないどころか足を引っ張ったという記憶しかない。日本では熟練の縫製工員を「手の枯れた」工員と呼ぶが、縫製工程という労働集約的なタスクにおいて、技術的効率性を追求するためには、まずは各工員（労働者）のスキル向上が重要なのである。そうしたスキルの向上ではラーニング・バイ・ドゥーイング、すなわち経験の蓄積が重要となり、一朝一夕に達成できるものではない。また、多くの技能がマニュアル化しにくい暗黙知領域にあることも、そうした技能の向上に時間がかかる要因である。

一枚のアパレル製品を生産するには、特殊ミシンを含めて複数のミシン・機械類が使われるのが普通である。そうした異なるミシンをどのような順番で製造ラインに据え付けるかが、生産性を大きく左右するが、その最適なライン組みも製品仕様に依存する。また、縫製ラインには、そうした異なるミシン類を扱う労働者が20人から30人縦に並び、縫製工程をさらに細かいレベルで分業している。その中で、製品一枚にかかる全工程を秒単位で割り出し、それらをラインに並ぶ労働者に割り当てる、いわゆるテーラー・システムがとられることが一般的である。しかし、そこで問題となるのが労働者間の能力の差である。能力の差がなく、工程を機械的に割り振ることができれば簡単である。しかしそうでない場合、個人個人の熟練度の違いを考慮に入れたうえで、仕事の割り振りを最適化する必要がある。これには、相当高度な能力が必要となる。

筆者のベトナムの縫製産業における研究では、同国を代表する主要な縫製企業におけるシャツの一人当たりアウトプットは、2000年代初頭で一日に4枚程度だった。しかし20 10年ごろには、これが20枚を超えるレベルにまで上がっていたケースがあった。これは、日本が縫製工程に強みを持っていた時代の、先進的な縫製企業よりも高い。この著しい工程の高度化は、日本市場向けのバリューチェーンの中で、日本企業から受けた技術移転によるところが大きかったのである（Goto et al., 2011）。

製品の高度化

「製品の高度化（product upgrading）」は、より高い付加価値を持つ製品群に移行するということを指している。例えば、これまでは低価格品のシャツの縫製工程を担っていた縫製企業が、シルク（絹）のシャツや紳士用スーツなど、より付加価値の高い製品の縫製を担うことである。

「製品の高度化」は、「工程の高度化」と非常に密接な関連を持つ。基本的に「工程の高度化」がある程度達成されていないと、より付加価値の高い製品の生産は担えないのである。シルクのシャツは、生地の価格が高いことから、綿生地のシャツよりも一般的には高価である。しかし、シルクを使ったシャツの生産は、シルク生地が滑りやすいために難しいとされている。生地と生地を重ねて縫合する際に、どちらかが滑ってしまうと規格どおりのシャツに仕上がらないのである。そのため、シルクシャツの縫製工程を担うためには、ある程度進んだ縫製技術を持ち合わせている必要がある。このように、一般的に「製品の高度化」は、「工程の高度化」が一定程度達成されると、徐々に進み始めるタイプの高度化である（Goto, 2014）。

機能の高度化

第三の高度化が「機能の高度化（functional upgrading）」である。「機能の高度化」は、それ以外の高度化とは次の点において異なっている。製品と工程の高度化は、いずれも特定の工程の中における高度化に関連していた。しかし機能の高度化は、既存の工程から他の工程への移行による産業高度化を指しているのである。

図表3-6を用いて説明しよう。同図は、アパレル産業の生産プロセスとそれに関わる諸機能を、付加価値と担い手について図式化したもので、前出の図表3-1の生産フローを少

図表 3-6　縫製産業のスマイル・カーブ

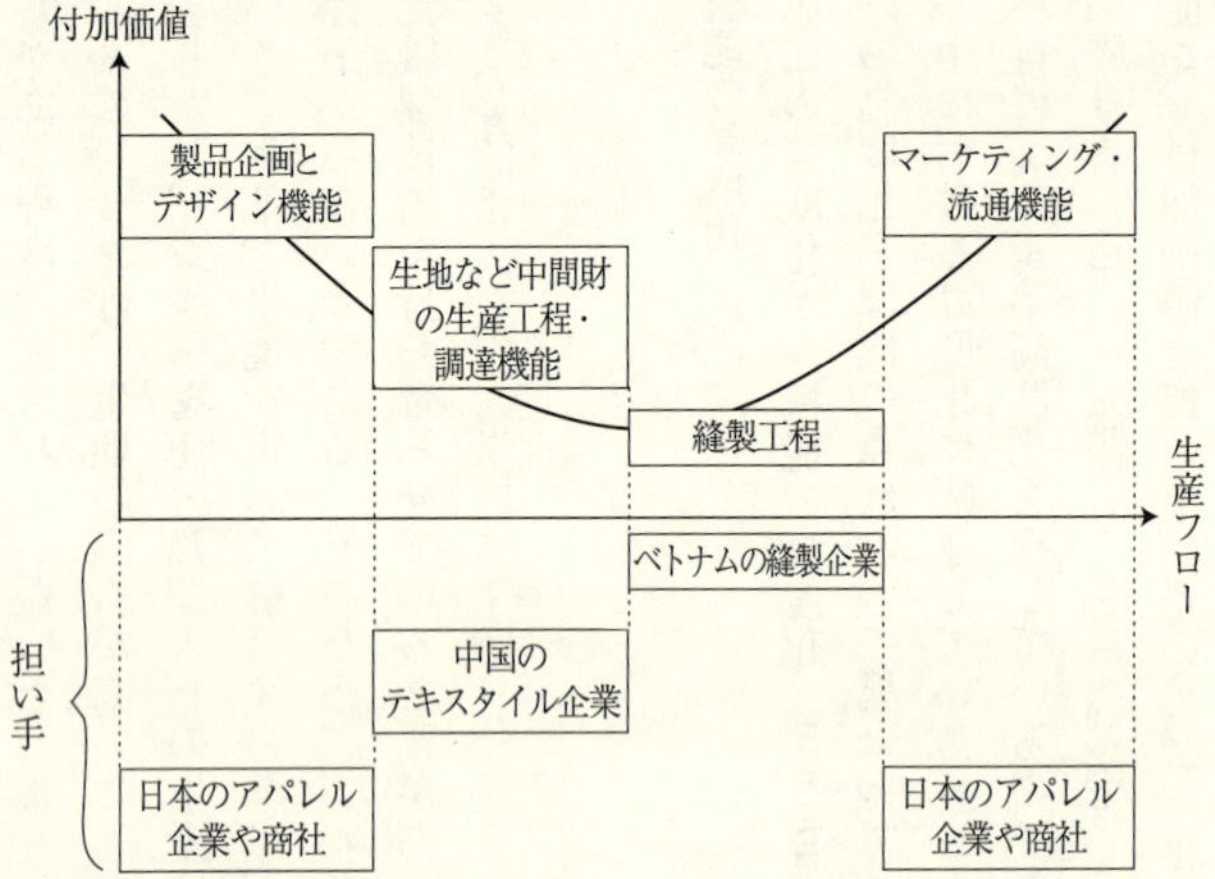

出所：後藤（2014）

し変形させたものである。生産工程・機能を付加価値との関連で見た場合、生産フローの最初と最後に付加価値の高い工程や機能が集中していることが多い。一方、その中間あたりにある労働集約的な縫製工程は、相対的に付加価値が低い傾向がある。そのため、そこで描かれる曲線は同図のようにU字型となることが多い。この形が笑った口元に似ていることから、この図は一般的に「スマイル・カーブ」と呼ばれている。

これまで縫製工程を担っていたベトナムの縫製企業が、工程の高度化もかなりの程度達成し、またそこで担っている製品もさらなる高付加価値化へのシフトが難しくなった段階にあるとしよう。その際、この企業がそのまま縫製という同じ工程の中で高度化を実現していくことは難しい。

その場合、縫製工程から、その周辺のより資本や知識集約度の高い機能を担うことが必要となる。それまで縫製工程を中心に担っていた製造業としての縫製企業が、縫製工程を外部化して、企画やマーケティングなどの知識集約的な機能に集中する、というのがその高度化戦略となる。

機能の高度化は、他の二つの高度化と比較して実現が難しい。これまで培った技術体系の延長線上にある工程・機能を担う、という話ではなく、本質的には異なる生産要素集約度を持つ機能へのシフトを意味しているからである。

中所得国の罠

21世紀に入ってしばらくすると、多くのアジアの国々の政府や政治家の間で「中所得国の罠《わな》(middle income trap)」という言葉がよく登場するようになった。これは、途上国が世界銀行の定義でいうところの「中所得国」までは成長できても、その後「高所得国」入りがなかなか果たせていない状況を指している。この問題は、とりわけアジアの国々の政策当局の強い関心を引いている。

グローバル・バリューチェーンの文脈に引き付けてみると、これは次のように言い換えることができる。アジアの後発諸国が、先進国の主導企業が統括するグローバル・バリューチェーンに参画したのはよい。そして、その中で先進的技術や市場へのアクセスを持ち始めたことは、工程と製品の高度化に大きく寄与している。しかし、その後自国のイニシアティブによる産業の高度化がなかなか実現せず、いつまで経っても外国企業の統括下で付加価値の低い機能のみを担い続けている、という状況である(Ohno, 2009)。

ベトナムにとどまらず、タイやカンボジアなど、アジアの多くの国がアパレルのグローバル・バリューチェーンの中で担っているのは、付加価値が相対的に低い労働集約的な組み立て工程だけである。先述のように、この特定の工程に関しては先進国企業からの技術移転の甲斐もあって、一定の競争力強化が果たせた。しかし、製品デザインやマーケティングなどといったさらに高度な機能を担うには至っていないのである。同様の状況は、これまで電子・電器産業でも見られた。

このような現状に対し、ベトナムなど当該国の政府は、地場で作られた生地などを使用すること(現地調達率規制)を求めるなど、保護主義的な政策を通じてグローバル・バリューチェーンの中で高度化を目論んだこともあった(後藤、2003)。しかし、それが成功に至ることはなかった。また現実問題として、すべてのアジア諸国がWTOメンバーとなった現在では、もはやこうした政策手段に打って出ることはできない。

国内・地場市場の重要性

こうした問題を考える際、次の二つの視点からのアプローチが有効である可能性が高い。第一の視点は国内、あるいは近隣国も取り込んだ広域市場を梃子《てこ》にした機能高度化の可能性を検討することである。そして第二の視点は、グローバルなレベルで急速に進展しつつあるデジタル経済化の流れとの関連で、この中所得の罠の問題を再度位置付けてみることである。これら二つは少しレベルの違う視点であり、必ずしも相互に排他的なものでもない。第二の視点については次章以降に譲るとして、ここでは最初の視点について考えてみよう。

先述のように、企画やデザイン、マーケティングという諸機能は極めて知識集約度が高く、またリスクも高い機能である。市場の不確実性がことさら高い海外市場向けのバリューチェーンで、経験値なしでそれらをうまく担うのは現実的ではない。しかし国内市場や、そこから少し拡張した広域市場であれば、そうした不確実性にまつわるリスクもより管理しやすくなる。かつて日本のアパレル産業も、労働集約的な縫製工程の競争力を失い、同様の立ち位置にいた。その機能高度化は、60年代の高度成長期を経て著しく成長していた国内市場向けに展開することで実現されたのである。

例えばタイでは、輸出型アパレル産業が90年代初頭まで外貨獲得に大きく貢献してきた。

しかし経済発展に伴う賃金上昇が、その縫製工程の競争力を大きく削ぎ、国際比較優位も低下の一途を辿った。筆者の最近の調査では、多くの縫製企業は、ミャンマーを筆頭により賃金水準の低い周辺国に生産設備を移転(オフショア)したり、あるいはカンボジアの縫製企業に生産委託(アウトソース)をするなどしていた。一方で、工程や製品の高度化が進まず、一部の工程を「インフォーマル化」して生き残りをかけているような事例もあった(Goto and Endo, 2014a)。インフォーマル化については第5章で取り上げるが、ここでは正式に登記・登録されていない事業所や外国人労働者など、種々の労働法制から外れた「非正規」な雇用形態や生産関係への依存、と捉えてよい。しかしその中でも、事業の重点を輸出から国内市場向けに組み替えることで、自社ブランド製品の企画と販売を担い、伸びている企業もある(Goto and Endo, 2014b; Goto and Natsuda, 2019)。

もちろん、国内や広域市場向けにビジネスを展開するのも、容易なことではない。実際に、多くのアジアの途上国では、企業間の信用取引制度や物流制度など、市場メカニズムを補完する諸制度も未発達である(石川、2006)。こうした状況は企業に多くの不確実性をもたらし、それが民間部門の発展を困難にしていることはよく知られている。いわゆる「開発の課題」がまだ併存しているのもまた、アジアなのである。アジアの国々が中所得の罠を克服し、持続的な発展を実現するためには、こうした課題解決が必要であることも確かである。

第4章　なぜ日本は後退し、アジア諸国は躍進したか

1　モジュラー化による地殻変動

深圳の華強北とホーチミン市のダイクァンミン市場

本書を執筆し始めた2019年の2月、中国・広東省の深圳市を訪問する機会を得た。深圳といえば、ちょうど40年前の改革開放で経済特区に指定された町である。隣接する香港から時速200キロ近くで走行する高速列車に乗って、15分程度で中心部に行きつく。筆者がここを初めて訪れたのは、まだ商社マンだった1995年だった。あのころの荒涼とした街並みは、鉄とガラスの高層ビルが林立する近未来的な大都市に変貌していた。タクシーとバスが整然と走っており、そのほとんどは排気ガスを出さない電気自動車である。同市には現

在、中国屈指のグローバル企業がいくつも本社を構えている。すぐに思いつく企業だけでも、通信機器大手のファーウェイやZTE、IT企業のテンセント、さらには本書の冒頭でも取り上げたドローンのDJIなどがある。また市内を走る電気自動車のほとんどを生産するBYDも、ここが本社である。

その深圳に、華強北《ファーチャンベイ》という、東京の秋葉原《あきはばら》を何十倍にも拡大したような電気街がある。タイのバンコク市内のプラトゥナムというエリアにも、パンティップ・プラザという電子部品専門の大きな商業施設があるが、それが数十棟並んでいるイメージである。電気街の適当なビルに足を踏み入れると、電子部品を扱う小さな売り場が所狭しとひしめいている。「華強北に売っていなければ、世の中に存在しない」といわれるほど、その扱っている電子部品のバリエーションは群を抜いている。

筆者はこれまで東南アジアのアパレル産業の研究も行ってきた。その一環で、今から20年近くも前に、ベトナムのホーチミン市にあるダイクァンミン（Dai Quang Minh）という市場で調査をしたことがある。華強北の電子街を見ていたら、その市場を思い出した。ダイクァンミン市場は衣料品用のボタンやファスナー、裏地や芯地などといった汎用附属品の卸売市場として、ベトナム最大の集散地だった。偽コピー商品を作るための、海外の有名ブランド企業のロゴが入った織ネームなども多数売られていた。こうした附属品を、ベトナム全土から仲買人や大小様々な縫製企業が買い付けにきていたのである。

なぜその光景を思い出したか。雰囲気がそっくりだったからである。華強北で山のように積まれた電子部品も、ダイクァンミン市場の多種多様なシャツ用ボタンと同じように、工夫次第で組み合わせて使用できる汎用部品である。好みのボタンをシャツに縫い付けるように、必要な電子部品を調達して、電子ガジェットが組み立てられる。もちろんファーウェイのようなトップメーカーが、華強北を主要な部品供給源としているわけではない。しかし、一昔前にアジアやアフリカの途上国市場を席巻した、欧米ブランドのコピー携帯端末（いわゆる「山寨《さんさい》携帯」）などは、こうした汎用部品を寄せ集めて作られたりした。代替可能な部品が競争的に取引されている状況。経済学の教科書の最初のあたりに出てくる、多数の売り手と買い手が自由に参入・退出できる完全競争市場を彷彿《ほうふつ》させた。

ちなみに電子製品の生産は、当然のことながらアパレルより複雑であり、やみくもに部品を組み合わせればよいというものではない。基板を設計し、ファームウェアを開発するなど、それらが整合性を持ったシステムとして機能する必要がある。深圳には、電子機器の中核部品である集積回路（ＩＣ）などを搭載する汎用基板（「公板（パブリック・ボード）」）を作ったり、基板設計やファームウェアの開発を行ったりする企業（「方案公司（デザインハウス）」）がある。こうした役割を担う主体が有機的につながり、一つの生態系のようなビジネス環境を形成している。いわゆるビジネス・エコシステムである。この深圳のエコシステムは、最近世界から注目を集めている。ここではその詳細には立ち入らないが、実態については藤岡（2017）が参考になる。

本章では、こうした汎用部品の組み合わせで展開する産業が出現し始めたという点に注目してみたい。こうした状況は電子機器に限らず、他の産業分野でも広く見られるようになったのである。そしてそのキーワードが「モジュラー化」である。最近のアジア経済の変容を読み解く鍵の一つが、ここにある。

インテグラル型からモジュラー型へ

モジュラー化について考える際に有効なのが、東京大学の藤本隆宏《たかひろ》教授を中心としたグループが取り組んでいる「ものづくり経営学」というアプローチである。このものづくり経営学の鍵概念に「製品・工程のアーキテクチャ」というものがある。ここではこれを簡単に紹介しながら話を進めてみよう。

製品・工程アーキテクチャとは、製品と工程に関する「基本設計思想」である。そして、「多くの製品の製品・工程アーキテクチャは、「擦り合わせ（インテグラル）」型アーキテクチャと「組み合わせ（モジュラー）」型アーキテクチャを二極とするスペクトラムのどこかに位置付けられる」としている（新宅・天野、2007、11頁）。

インテグラル型とは、最終製品ごとに各部品の設計を相互調整（「擦り合わせ」）して全体最適を目指すものである。サプライヤーとセットメーカーとの間の緊密な連携が必要な、企業間関係に特殊な技術や部品の開発が中心となる。そのため各部品間には強い相互依存関係が生じ、部品の代替可能性も低くなる。要するに、A社の製品のために開発した部品は、A社の製品にしか使えないのである。自動車などはこのタイプのアーキテクチャを持つ。

これに対してモジュラー型とは、あらかじめ決まった（標準化された）部品間のインターフェイス（接合部）のルールに従って、部品を組み合わせることで製品ができてしまうタイプのアーキテクチャを指す。Bがモジュラー部品だとすれば、それはA社の製品にもC社の製品にも組み込み可能、というようなものである。序章であげた、レゴ・ブロックのイメージである。現在のパソコンがこれに該当する。

ただし、アーキテクチャは複数の階層を持つ点には注意が必要である。例えば、完成品としてのパソコンは、インテル社の中央演算処理装置（CPU）とチップセットや、マイクロソフト社のオペレーティング・システム（OS）、さらにはハードディスク・ドライブ（HDD）などのモジュラー部品の組み合わせで成立しており、モジュラー型アーキテクチャである。しかし、その一つ下の階層（部品のレベル）では事情が異なる。個々の部品を構成するより詳細なレベルの部材やその構造はブラックボックス化されて、高度にインテグラルな設計となっているのである。例えば、共通インターフェイスを持つモジュラー部品のHDDも、それ自体を構成するモーターやディスク、データを読んだり書いたりするヘッドなど、一つ下の階層の部品は特定のHDD用にテーラーメイドされたインテグラル・アーキテクチャである。外はモジュラーで、中はインテグラル、という構図である。この違いを認識することは、後に考察する日本の強みとの関連で重要となる。

ところで読者の方々はすでにお気付きかもしれないが、この話は前章で取り上げたグローバル・バリューチェーンのガバナンス類型と密接に関連している。そこでは自転車部品の製品・工程に関する情報がコード化され、インターフェイスも標準化されたことで、ガバナンス形態が階層組織型から市場型へと移行した、というケースを扱った。製品・工程アーキテクチャにおける「取引のコード化の可能性」が高まれば、モジュラー型ガバナンス形態がバリューチェーンとして最適な形となるのである。

アーキテクチャがモジュラー化に傾くと、部品の代替可能性が高まり、生産フローの個々の工程や機能の外部化が容易となる。こうしたアーキテクチャの変化は、バリューチェーンにおける企業間の力関係の変化を誘引することもある。その変化に対応できないと、企業の存続に関わる問題となりうるのである。こうした新たなダイナミズムにより、アジア経済では大きな再編が起きている。

ここで台湾のノートパソコンの事例を用いて、この再編の一端を見てみよう。この部分は、先述の『現代アジア経済論』の筆者との共著章で、アジア経済研究所の川上桃子《ももこ》氏が主に担当した箇所に大きく依拠している。

台湾のノートパソコン産業の事例

台湾のノートパソコン産業は、世界の有力なパソコン・ブランド企業からの受託生産によって発展してきた。その世界シェアの拡大は著しく、90年代半ばごろは3割前後だったのが10年ちょっとで9割にまで急上昇したのである。台湾企業がノートパソコンの受託生産を急増させた背景には、ノートパソコンの工程・製品アーキテクチャがインテグラル型からモジュラー型へと急展開したことが背景にある。

ノートパソコンは１９８０年代に日本の総合家電メーカーが開発して市場形成した。特に東芝が80年代の終わりごろに発売したダイナブックは、ノートパソコン市場を一気に拡大した画期的な製品だった。ノートパソコンの開発はデスクトップ・パソコンと違い、限られたスペースに同程度の部品を詰め込む必要があることから、難度も高かった。特に部品間の相互干渉の調整は、高度な機構設計力や実装技術力、部品製造力を必要とした。これらの課題に対し、東芝はワープロ等の生産で培った電子回路技術や電池技術などを応用し、さらには自社で薄型ディスプレイなどノートパソコンに必要な部品を開発・内製することで対応した（川上、2012）。NECや富士通も同様な方法でノートパソコン産業に参入し、日本メーカーは世界のノートパソコン市場をリードした。この時代のノートパソコンはインテグラル型アーキテクチャの典型であり、日本の総合家電メーカーが圧倒的な優位性を誇っていた。

しかし90年代に入ると、パソコンの中核部品であるCPUの有力ベンダーのインテルが台頭した。CPUは周辺回路であるチップセットと組み合わされることで機能を発揮する。日本企業はそうした各部品を統合する高度な技術を持ち合わせていた。しかしインテルは自社の提供するCPUとチップセットの中に、熱対策や回路設計など必要なノウハウを取り込み、インターフェイスを標準化してセット販売したのである。また、その詳細な技術情報を盛り込んだレファレンスガイドも提供した。これが日本企業の技術面における優位性を大きく削ぐこととなった。

インテグラル型アーキテクチャの時代においては、技術蓄積の浅いアジアの企業は日本企業に対抗することができず、ノートパソコン産業に参入できなかった。しかし、インテルが提供する基幹部品のモジュラー化は、そうした企業がバリューチェーンに参入する機会を作り出したのである。その結果、ノートパソコン市場の価格競争圧力が高まった。こうした状況の中、日本やアメリカの各ブランド企業は生産を外部化し、アジア企業に委託するようになった。この受け皿となったのがクアンタやコンパルといった台湾企業だった。グローバル・バリューチェーンを主導する先進国のパソコン・ブランド企業は、こうした台湾の受託企業に技術移転を積極的に行うようにもなった。

２０００年代に入ると、これらの台湾の受託生産企業も次々と中国に大型工場を建設して生産能力を拡充させるようになる。しかしその激しい競争の中で、受託企業間の淘汰と集中も進んだ。競争を勝ち抜いたいくつかの企業には、世界中のノートパソコン企業からさらなる受注が集まるようになる。すると、インテルや受託元企業からは、市場情報や次世代技術に至るまで、さらに幅広い情報が共有されるようになった。こうした蓄積を経て、台湾の受託製造企業は単なる組み立て工程から、サンプル開発などより上位の機能も担うようにもなった。これが台湾のパソコン産業の機能の高度化につながるのである（川上・後藤、２０１８）。

液晶テレビと電気自動車

モジュラー化が進むと、ノートパソコンの例にとどまらず、携帯電話やスマートフォン、液晶テレビなどの産業においても、生産の担い手が一気に広まった。製品・工程アーキテクチャがインテグラル型だった時代にそうした製品を作るためには、企画・設計や部品の開発、基板の実装化やソフトの開発など、多岐な技術・知識を企業内部に蓄積する必要があった。しかしモジュラー化が進むと、それらのノウハウが、標準化されたインターフェイスを持つ部品の中に埋め込まれて「カプセル化」された。これが技術力の低いアジアの新興企業の新規参入を促したのである。

液晶テレビもそうした製品の一つである。今でこそテレビといえば薄型液晶テレビが主流だが、それが商業化されて世に出る90年代末以前、テレビといえばブラウン管型だった。ブラウン管テレビはインテグラル型アーキテクチャである。このころ、日本企業はこの分野で世界に冠たる競争力を誇っていた。しかし、液晶テレビがブラウン管テレビにとって代わるようになると、市場シェアが急速に低下する。もともと液晶テレビは擦り合わせが必要な設計要素が少なく、モジュラー化に適していたのである。そのためテレビとしての基本的な性能を持たせるだけであれば、モジュラー部品の組み合わせで設計が可能となったのである（新宅・善本、２００９）。

こうしたことから、それまでテレビ産業では後れをとっていたアジアの企業が液晶テレビ産業に参入し、急成長した。中国のＴＣＬや海信集団（ハイセンス、Hisense）などといった企業が、世界シェアを伸ばしたのである。東南アジアの企業でも、インドネシアのポリトロン（Polytron）やマレーシアのペンソニック（Pensonic）などの家電メーカーが、独自ブランドで液晶テレビ事業を展開している。

こうした動きは、電気自動車の世界でも見られる。電気自動車といえばアメリカのテスラが有名かもしれない。しかし現在、世界一の電気自動車の販売台数を誇るのは、先述のＢＹＤである。通常のエンジン（内燃機関）を積んだ自動車はインテグラルなアーキテクチャを特徴としているのに対し、電気自動車は圧倒的にモジュラー型である。そのため、これまで自動車産業と全く関わっていなかったような企業が、電気自動車産業に参入し始めているのである。例えばＢＹＤはもともと電池を生産する企業だったし、同じように電気自動車を生産しているＧｅｅｌｙという別の中国自動車メーカーは設立当初は冷蔵庫を製造する企業であった。

東南アジアでも同様の動きがある。２００６年に創業したタイの電力会社エナジー・アブソリュート社は２０１９年のバンコクのモーターショーで小型電気自動車を発表し、そこで４５００台の注文が集まったことが話題になった。ベトナムでも不動産業から急速に事業を多角化しているビン（Vinh）グループが突如国産車の生産に乗り出し、２０１９年末には国産電気自動車の市場展開をするとされている。こうした自動車産業におけるアジアの新しいプレーヤーが、今後どのような展開を見せるのかはまだはっきりしない。しかし、これまで日本を含む自動車先進国に圧倒的優位があった産業が、大きく変わる可能性は否定できない。

スマートフォン市場から見えるグローバルな産業再編

これらの事例が示すように、製品・工程アーキテクチャの変化は新しいプレーヤーの台頭とグローバルな産業再編を引き起こしている。それは特に完成品メーカーの世界で顕著である。

今世紀に入ってから、日本の様々な企業がこの再編の波に飲み込まれていくさまを、私たちは目の当たりにした。特に家電業界は大きく揺れた。REGZAブランドで有名な東芝のテレビ事業子会社は2017年に中国の海信集団（ハイセンス）に買収されたし、同社の白物家電部門も2016年に中国の美的集団（マイディア）の傘下に入った。また、「目の付け所がシャープでしょ」というキャッチフレーズの下で、革新的な製品を次々と世に送り出していたシャープも、2016年に台湾の鴻海精密工業の傘下に入った。世界のノートパソコン産業を牽引してきた東芝のPC事業子会社も、2018年にそのシャープに買収された。

中国を筆頭に、かつてのアジアは「世界の工場」として生産者の役割に徹してきた。そして、そのグローバル・バリューチェーンを統括する主導企業は、日本や欧米など先進国の多国籍企業だった。しかし、ここにきて、あらゆる分野でアジア発のグローバル・バリューチ

図表4-1　世界のスマートフォン市場のシェア（2019年第1四半期）

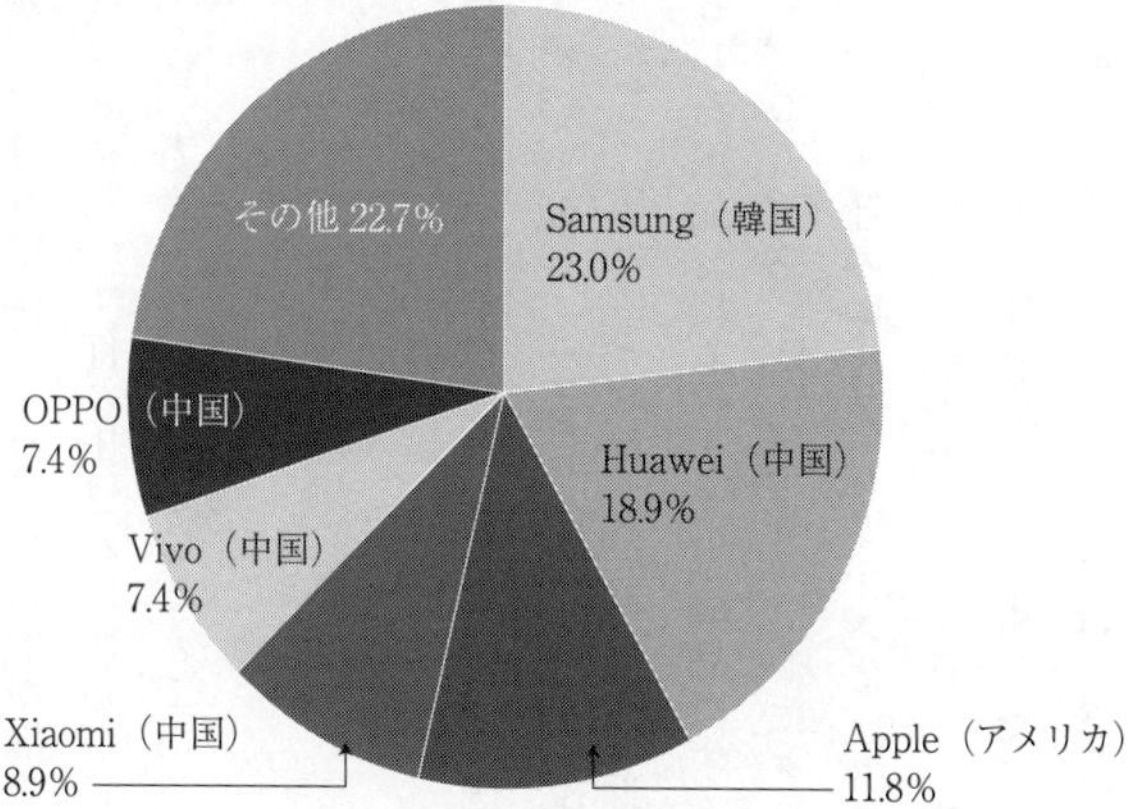

出所：IDC（https://www.idc.com/promo/smartphone-market-share/vendor）

ェーンが出現し始めたのである。そしてそうした動きの背景には、モジュラー化の影響が強い。しかし、それだけですべてが説明できるわけでもない。

図表4-1は2019年第1四半期の世界スマートフォン市場のメーカー別シェアを表している。トップが韓国のサムスンで23%、これにファーウェイが約19%と続いている。iPhoneのアップルは約12%で3位となっている。4位から6位まではシャオミー（Xiaomi）、ヴィヴォ（Vivo）、オッポ（OPPO）の中国勢である。この上位6社で世界の7割以上を占めているのである。日本やヨーロッパの企業は全くランクインしておらず、「その他」の中に紛れている。

韓国のサムスンのシェアの大きさも目を引

くが、やはり中国メーカーの台頭が顕著である。スマートフォンという市場が2007年にアップルによって作り出されてから、わずか十数年でアジア企業がその市場を席捲《せっけん》したというのは、考えてみればすごいことである。

2　日本を追い越していくアジア

iPhoneに見る組み立て工場としての中国

本書の冒頭で、iPhoneについて触れた。iPhoneはアメリカのアップル社のスマートフォンである。しかしその中に入っている部品はアップル以外の、様々な国の企業のものである。そうした部品を組み立てて完成品にするのは中国にあるEMS（電子製品製造受託）企業である。ここでiPhoneの中身がいかにグローバルであるか見てみることにしよう。

アップル社のiPhoneシリーズに、3Gという機種があった。日本でも2009年あたりに市場に出回っていた製品である。この3Gについて、アジア開発銀行研究所（ADBI）が、その部品と原価構成を分析したワーキング・ペーパーを2010年に公開した（Xing and Detert, 2010）。これによれば、3Gを構成する部品のほぼすべてが、中国以外の企業のものだった。同製品の製造原価（原材料に労働費用を加えたもの）約179ドルのうち、なんと日本企業の部品が全部で60ドルと3分の1を占めていたのである。具体的には東芝のフラッシュメモリーやディスプレイ・モジュール、さらにはタッチスクリーンなどが金額の割合としては大きな比率を占めていた。また、村田製作所もフロントエンドモジュール（FEM）というパーツを供給していた。その他にもドイツ企業、韓国企業、アメリカ企業の部品が部品表（いわゆるBill of Materials、BOM）に数多く含まれており、それぞれ30ドル、23ドル、11ドル分を占めていた。主要4ヵ国の部品だけで、製造原価の約7割を占めたのである。

一方で、iPhone 3Gを中国製たらしめているのが、同製品が深圳にある台湾企業（鴻海精密工業）の工場で組み立てられているという事実である。しかし、その工程にかかるコスト（工賃）は、たったの6・5ドル、製造原価全体の3・6％である。これがiPhone 3Gにおける組み立て工場としての中国のポジションであり、「Made in China」の実態だった。

また当時、このiPhone 3Gはアメリカでは500ドルで販売されていた。それを踏まえるとアップルの一台当たりの売り上げ総利益は321ドル、粗利益率でいえば64％となる。製造原価に占める部品コストは、各部品企業が受け取れる付加価値ではないため、このバリューチェーンの付加価値分配も原価費用の構成比率でのみ表すことはできない。しかし、この事例を見ても、iPhoneのバリューチェーンでは、企画・デザイン・マーケティングを担う主導企業アップルの取り分が最大となり、日本やドイツの部品メーカーがこれに次ぐ。そして最も取り分が小さいのが鴻海の中国工場、という構図である。前章で扱ったスマイル・カーブがきれいに当てはまる事例である。

このiPhoneのケースが典型的に示すように、中国を含めたアジアの経済成長は、長いあいだ日本やアメリカなど先進国の技術と市場に依存してきた。その結果アジアは安い労働力で工業化を進めて、90年代には中国を筆頭に「世界の工場」のポジションを確立するに至ったのである。しかしこうした状況にも、変化の兆しが現れている。

ファーウェイ「P30 Pro」に見る中国企業の存在感

2019年6月27日付けの『日本経済新聞』の朝刊に、興味深い特集記事が掲載された。中国の大手通信機器企業であるファーウェイ社の最新のスマートフォン「P30 Pro」をバラバラに解体し、その中身を構成する部品メーカーの国別依存度を推計したという内容である。iPhone 3Gの時代から10年の歳月が経って、中国企業は付加価値の低い組み立て工程以外でも存在感を出せるようになったのだろうか。

記事によれば、同製品を構成する部品数は1631点に上り、その製造原価（労働コスト除く）は364ドルだった。全部品のうち、日本企業のものが数量にして869点（53・2%）とトップだった。しかし、金額ベースにすると比率は低く、84ドル（23・0%）となっていた。これに対してアメリカ企業のものは15点（0・9％）、金額で59ドル（16・3％）だった。そして韓国が562点（34・4％）、28ドル（7・7％）で、台湾が83点（5・0％）で29ドル（7・9％）だった。

ここで目を引いたのが中国企業の部品である。点数にすると80点で全体の4・9％と日本企業よりも少なかったが、金額ベースでは139ドル（38・1％）と最大シェアを占めていた。中国企業が付加価値の高い部品を担っていると読み取ることができる。同製品の部品の中で、最も単価が高かったのが有機ELディスプレイ（84ドル）で、中国の京東方科技集団（BOE）のものだった。BOEといえば、北京に本社を置く中国の民間企業で、現在では世界有数のディスプレイメーカーである。そして第2位がアメリカのマイクロン・テクノロジー社のDRAMで41ドル、これに中国の海思半導体（ハイシリコン）のアプリケーション・プロセッサーが30ドルと続いた。ハイシリコンというのはファーウェイの半導体子会社である。ここがオリジナルのスマホ用CPU・チップセットであるKirinを生産し、ファーウェイのスマホに実装している。

中国企業であるファーウェイは、他国のスマートフォン・メーカーと比較して中国企業の部品をより多く使っているという「中国部品バイアス」の可能性はある。しかし、いずれにせよこの10年間における中国の電子部品産業の成長は否定できない。

モジュラー化により、これまで技術の内部蓄積が浅かったアジアの企業も、そうしたタイプのアーキテクチャ型の産業への参入経路ができたことで、完成品を安く製造することで競争が可能となった。ただしアジア企業は、グローバル・バリューチェーンに参加し始めただけではない。「工程」、「製品」、そして「機能」の高度化も着実に果たしつつある。そして分野によっては、日本以外のアジア企業も「実力」をつけて、アジア経済を牽引するようになったのである。

イノベーターとしてのアジア

一国経済でも単体の企業でも、長期的な成長源はイノベーションにある。イノベーションのレベルを測る一つの指数として、世界知的所有権機関（World Intellectual Property Organization、WIPO）のグローバル・イノベーション指数（Global Innovation Index、GII）というものがある。同指数は、R&D支出のGDP比率、知識集約的なサービスに従事する労働者比率、あるいは海外からの知的財産権等の使用料の受け取りなど、その国のイノベーションの程度を示すと考えられる80の項目に基づいて算出される。こうした複合指数は比較が困難だったり、実態を必ずしも正確に捉えていなかったりと、様々な問題が考えられる。しかし、一つの目安にはなる。

この2019年度版によれば、トップは9年連続でスイスだった。そして日本は129ヵ国中15位だった。2018年が13位だったため、2ランク落としたことになる。アジアのトップは8位のシンガポールで、これに韓国（11位）、香港（13位）、中国（14位）と続いた。日本はアジアの中では5位というポジションなのである。その他のアジア諸国はマレーシア（35位）、ベトナム（42位）、タイ（43位）、フィリピン（54位）、ブルネイ（71位）、インドネシア（85位）、カンボジア（98位）という状況である。アジアの多様性は、イノベーション力についてもいえそうである。

なお、GIIが初めて公開された2007年の日本は世界で4位、アジアでは1位だった。同年のシンガポールは7位、香港は10位、韓国は19位、そして中国は29位だった。アジアにおける日本の順位の後退を没落と見て悲観するよりも、少し前まで後発だったこれらアジアの国・地域が日本をある局面では超えるようになった、と解釈したほうが21世紀のアジア経済の理解につながると思われる。

第1章で取り上げたように、「雁行形態論」でアジア経済のダイナミズムが説明できた時代は、アジアの国々は先頭を飛ぶ日本を追いかけ、いずれはその距離を縮めて日本に「追いつく（キャッチアップする）」ダイナミズムがあった。しかしそこでは日本を「追い越す」という事態は想定されていなかったのである。こうした現象は英語で「リープフロッグ」と呼ばれている。直訳すれば蛙飛びとなるが、意味としては段階をいくつか飛び越えて序列を追い越すようなイメージで使われることが多い。アジア経済のダイナミズムも、分野によってはまさにキャッチアップからリープフロッグへと移ったかのようである。これまでアジア経済において主導的な役割を果たしていた日本の「中心性」が、大きく揺らぎ始めている。

日本のプレゼンス低下とアジア諸国の躍進

日本は長らくアジア経済ダイナミズムの中心にいた。雁行形態論では、1950年代に入って世界経済の中で少しずつ頭角を現し始めた日本が、アジアを巻き込んだ連鎖的な発展を引き起こす姿が描かれた。しかし現在のアジア経済を、こうした日本を一極とする構造で捉えることは、もはやできない。

図表4-2は世界とアジアの中の日本の立ち位置の変化を、それぞれのGDP比率の変化から表したものである。「①アジア/世界」は世界におけるアジア諸国のGDP比率の推移を表しており、世界におけるアジアのGDP比率が着実に上昇していることが見て取れる。1968年に10%だったシェアが、2018年には28%にまで上昇したのである。

「②日本/アジア」は、アジアの中で日本のGDPが占める比率を表している。これから読み取れるのは、世界におけるアジアの重要性は上がっているものの、アジアの中での日本の

図表4-2　世界とアジアの中の日本経済（GDP比率の推移）

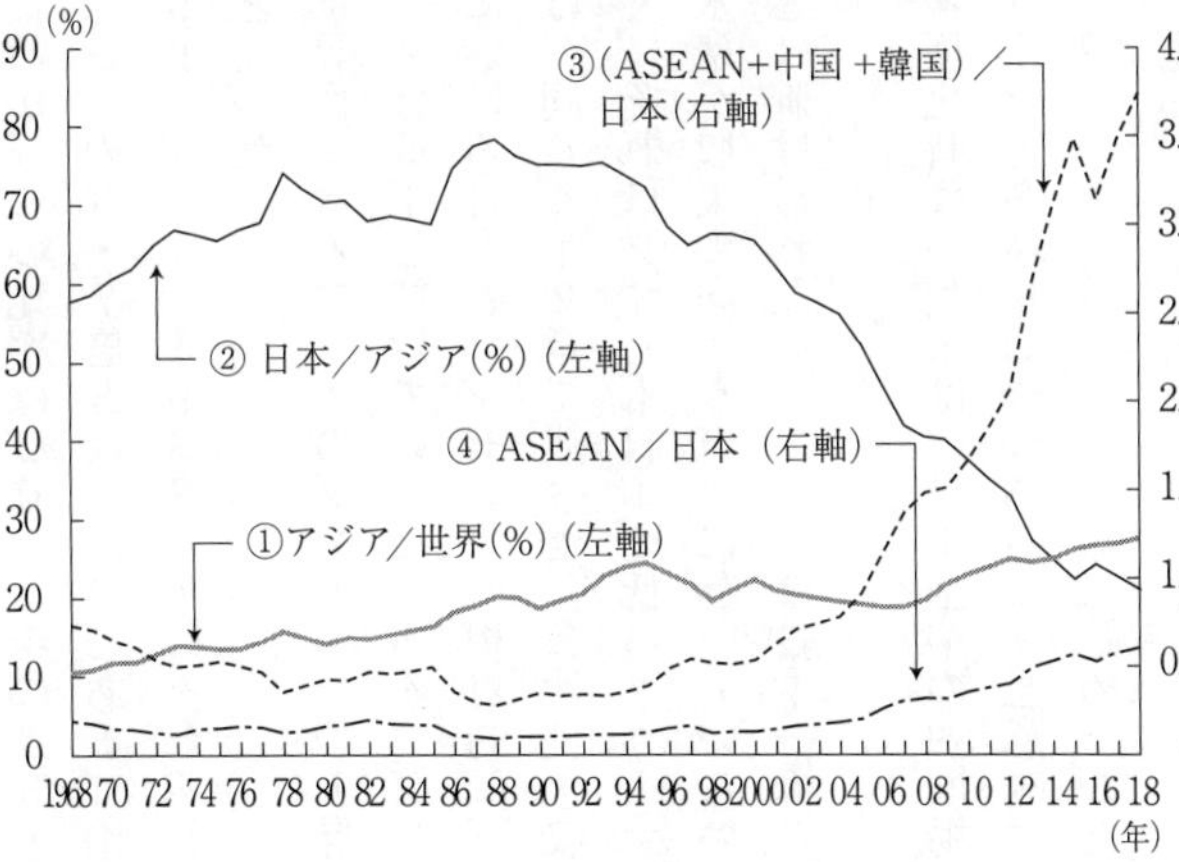

出所：World Development Indicators（World Bank）より筆者作成

重要性が下がっているという点である。1968年には日本がアジアのGDPの58%を占めており、その比率はピークの1988年には78%となったが、2018年には21%にまで減少しているのである。

そして「③日本を除いたアジア（ASEAN+中国+韓国）／日本」と「④ASEAN／日本」の推移は、いずれも日本のプレゼンスの低下を浮き彫りにしている。例えば1968年には「③日本を除いたアジア」の12ヵ国のGDPを足し合わせてもまだ0・73で1より小さかった。そして、それがバブルの絶頂期の1988年には0・28にまで下がったのである。日本一国で、それ以外の12ヵ国のGDP合計の4倍に近い経済規模を誇っていたということである。

ところが、この比率は2018年には3・7となった。日本を除くアジア12ヵ国の経済規模が、日本の3・7倍となったのである。④で示されるASEANとの関係もやはり同じで、1968年および1988年ではそれぞれ0・19と0・09だったのが、2018年には0・60となった。

世界におけるアジアのプレゼンスの上昇と入れ替わるように、アジアにおける日本のプレゼンスは低下し続けているのである。第2章で見たアジア各国の成長率を踏まえると、アジアにおける日本のプレゼンスの相対的低下は、今後も続く可能性が高い。しかしこうした状況は、同じく第2章で述べた「条件付き収束」に当てはめてみればとりたてて驚くことでもなく、それは必ずしも日本の低パフォーマンスを意味していない。アジアにおける各国の経済水準が収束に向かう方向に動いているのであれば、日本のシェアが今後さらに小さくなることは避けられない。アジアは日本一極の時代を脱し、本格的な多極化時代を迎えたのである。

多極化時代の到来は、日本企業の独壇場だったアジアを起点とするグローバル・バリューチェーンも多極化しつつあることを意味する。多様なプレーヤーがより主体的な役割を果たし、バリューチェーンを組織し始めたことで、その発展ダイナミズムも多極化し始めているのである。

グローバル・バリューチェーンを主導するアジア

グローバル・バリューチェーンの展開に象徴されるアジアの経済統合は、これまでは欧米市場を出口としたサプライサイド・インテグレーション（供給サイドの統合）として特徴づけられた。すなわち、「世界の工場」としてのアジアが、域内の生産分業体制で作り出した財を、欧米など主に域外の市場に向けて輸出していたのである。21世紀に入っても、アジアは依然として「世界の工場」としての競争力を発揮し続けている。しかし、アジアはそれに加えて、今や世界の「消費者」と「投資家」としても存在感を示し始めた。

第2章では世界におけるアジア経済の重要性が増した点を見てきた。今や世界のGDPの4分の1以上を本書が定義するアジアが担い、その規模は北米経済圏と並び、欧州28ヵ国を超えた。このことは、当然アジアが市場としても重要となったことを意味している。

消費市場としてのアジアの重要性については、近年日本のみならず、世界から新たなビジネス機会の登場として注目され、特に90年代以降にグローバルな存在感を発揮し始めた中国市場は、世界中の企業にとって最重要ターゲットとなっている。

ビジネスチャンスがたくさん生まれつつあるアジア市場だが、その内需を対象にビジネスを展開しようとする場合、市場形成を担うのに最も優位な主体が必ずしも日本や欧米など先進国の多国籍企業であるとは限らない。どの国でも、小売りなどの流通部門は最も保護され、外資の参入が難しい部門である。また、消費者の嗜好《しこう》がローカルな風土や文化的背景にかなり左右されるアパレルや外食産業のような産業部門については、市場情報の入手にアドバンテージがある地場企業が優位に立つことは大いにあり得る。そうした財やサービスを消費者に届ける流通システムの構築でも地場企業に利があることは多い。拡大する消費地としてのアジアの可能性を取り込むためには、日本が独自で主導するバリューチェーンを構築するよりも、現地企業が統括するバリューチェーンに日本の強みを活かす形で参画したほうが良いこともある。

また、天然資源をベースとしたバリューチェーンの場合、それを主導するのが現地企業ということもある。一例がマレーシアのパーム油関連産業である。マレーシアはインドネシアと並んで世界有数のパーム油の生産国であり、世界の総生産量の8割を占めている。両国の気候など生態的条件が、パーム油を作り出すアブラヤシの生育に最適なのである。植物由来の油脂には大豆油や菜種油、ヒマワリ油などたくさんのものがあるが、現在世界で最も生産量が大きい植物油脂はパーム油である。

このパーム油の研究開発（R&D）とイノベーションをリードしているのは、マレーシアである。パーム油が興味深いのは、近年見られるようになったより高付加価値分野への応用である。従来の食用油としての用途から、洗剤や薬品、バイオディーゼルなど、より高い付加価値を持つ製品分野への投入財としての利用が広がり、バリューチェーンもより複雑化・高度化したのである。同国政府の強い支援のもと、こうしたバリューチェーン全体の高度化を地場企業が主導し、応用可能分野における世界の主導企業とつながることで、さらなる高度化を目指しているのである（小井川、2017）。

このようなアジア発の新しいダイナミズムを統括するのは、アジアの企業であることが多い。そして、アジア企業が主導するバリューチェーンにおいて今後ビジネス機会が拡大する場合、日本企業はこれまでの主導企業としての役割とは異なる機能を発揮し、アジア企業主導のネットワークの中でポジションを確保して参画するという戦略が重要となる。この点に関しては、終章で取り上げることとする。

世界の投資家としてのアジア

アジアはもはや世界のものづくりを担当する「工場」だけではない。グローバル・バリューチェーンも主導し始めてもいる。また第2章で見てきたように、世界から投資先として注目されてきたアジアだが、近年はこれに加えて投資家としての存在感も増してきた。

図表4-3はアジアからの対外FDIを、欧州および北米と比較したものである。1998

図表 4-3　地域別の対外FDIの変遷

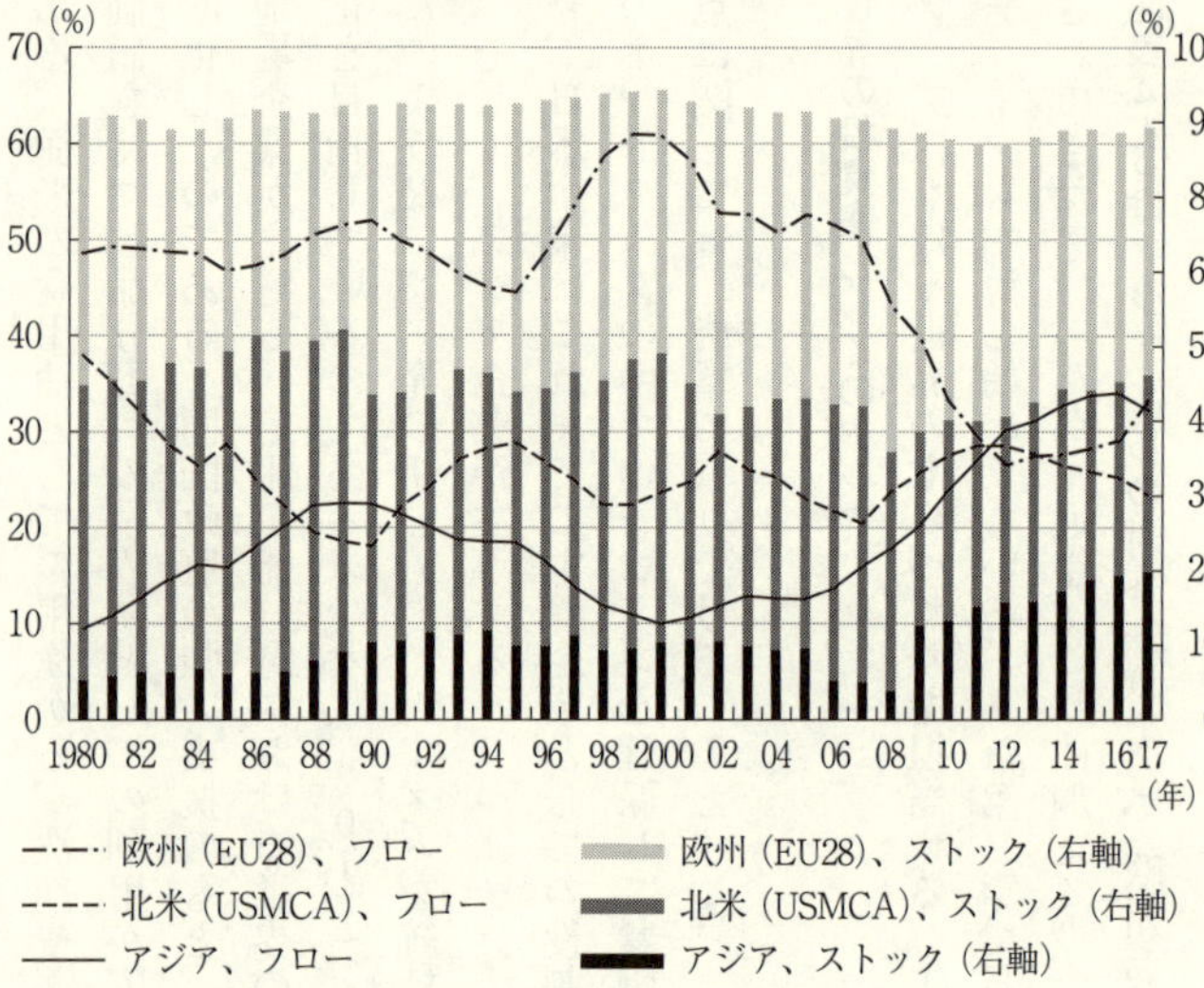

註：フローは5年移動平均値によるシェア（2016年と2017年除く）
出所：UNCTADstat（UNCTAD）より筆者作成

０年における対外ＦＤＩの比率は欧州が48%、北米が38%だったのに対し、アジアは10%だった。その10%のうちの8割強が日本からの直接投資だった。それが２０１７年にはそれぞれ33%、24%、32%となった。アジアと欧州28ヵ国の対外投資シェアが、単年度のフローでほぼ並んだ形である。なお、ＵＮＣＴＡＤのデータベースには１４９の国・地域が入っているが、その中で２０１７年の対外投資額ではアメリカが約３０００億ドルで世界トップだった。そして、香港とマカオを入れた中国が約２４５０億ドルで２位、日本は

図表 4-4　アジアの対外・対内FDIフローの比較（2017 年）

	対内 FDI（百万ドル）	対外 FDI（百万ドル）	対外／対内
ブルネイ	460	－	－
カンボジア	2,788	115	0.04
インドネシア	20,579	2,077	0.10
ラオス	1,599	10	0.01
マレーシア	9,399	5,638	0.60
ミャンマー	4,341	－	－
フィリピン	8,704	1,752	0.20
シンガポール	75,723	43,696	0.58
タイ	6,478	17,064	2.63
ベトナム	14,100	480	0.03
中国計	245,123	245,159	1.00
中国	134,063	158,290	1.18
香港	110,685	86,704	0.78
マカオ	375	165	0.44
台湾	3,291	11,552	3.51
韓国	17,913	34,069	1.90
日本	10,430	160,449	15.38

註：ブルネイおよびミャンマーについては対外FDIのデータがないため、「—」とした
出所：UNCTADstat（UNCTAD）より筆者作成

約１６００億ドルで３位だった。アジアで対外ＦＤＩの上位20位に入っていたその他の国としては、シンガポール（４３７億ドル）、韓国（３４１億ドル）、タイ（１７０億ドル）がある（図表４-４参照）。

投資残高（ストック）ベースでも、１９８０年の時点では欧州が40％、北米が43％、そしてアジアが６％で、アジアのほとんどが日本（57％）と台湾（38％）のものだった。それが２０１７年にはそれぞれ37％、29％、22％となり、アジアが急速に追いつこうとしている。なお、１９８０年には１％にも満たなかった中国（香港とマ

カオ含む）のアジア内のシェアは2017年には51%となり、日本は21%に下がった。

これまでアジアといえば、日本など一部の先進国を除けば、多くの国・地域は外からのFDI（対内FDI）が外に向かうFDI（対外FDI）よりも多かった。第1章で見たように、アジアの国々は先進国からのFDIを積極的に受け入れることで国際生産体制に参入して産業集積を進め、そこからの技術移転を通じた産業高度化を実現してきた。この趨勢は現在も続いており、先に見たようにアジアはいまだに世界でも有数のFDI受け入れ地域である。

また、もともと多くのアジアの国々が途上国として見られていたことから、実は日本などを除く一部の先進国以外の国々に関して、対外FDIに注目した研究はほとんどなかった。

しかし、ここ数年はフローでいえば対内FDIよりも対外FDIのほうが大きく、ネット（差し引き）で対外投資国となった地域もある。図表4-4では、2017年のアジアの対外と対内FDIを比べている。最後の列は対外FDI額を対内の額で割ったものである。1より大きければ、対外FDIのほうがその年のフローが大きいという意味である。これによれば、日本と韓国、台湾などの先進地域以外でも、タイ、そして中国がネットの投資国となったことがわかる。

なおASEAN諸国の対外FDIについて、シンガポールのユソフ・イサーク東南アジア研究所（ISEAS）が2017年に出版した書籍がある。これによれば、シンガポール以外の国々からの投資先としては、ＡＳＥＡＮ域内が最も多かった。その要因として、域内に広がりつつあるタイやマレーシア発出のバリューチェーンの展開があげられている。この域内の相互投資をさらに進めたのが、２０１５年に発足したアセアン経済共同体（ASEAN Economic Community、ＡＥＣ）であるとされている（Lee and Sineenat, 2017）。

アジア諸国からの投資は、今後のさらなる経済成長を受けてますます伸びる可能性が高い。そうした国々の新しい企業が主導するグローバル・バリューチェーンの展開が、アジア経済の多角化をさらに進めるものと思われる。

日本の対内直接投資の極端な少なさ

ところで図表４‐４で、日本の対外／対内比率が異常に高いことに気付かれた読者もいるかもしれない。対外ＦＤＩが対内ＦＤＩの15倍、というのは、アジアのみならず、世界でも群を抜いた値である。これは裏返せば、日本の対内ＦＤＩが相対的に小さいことを示している。実際日本の対内ＦＤＩは絶対額でも小さく、２０１７年のドイツの対内ＦＤＩの28％しかない。日本の人口規模はドイツの１・５倍であるため、一人当たりの投資額にすると、日本はドイツの18％しか投資を引き付けていないこととなる。

他の先進国の事情を見ても、やはり日本の対内ＦＤＩの小ささは顕著である。同比率が比較的高いフランスでも1・38（受入額298億ドル）で、イギリスは1・16（1012億ドル）となっている。対内・対外FDIともに世界最大のアメリカは1・08（2773億ドル）と、ほぼ均衡がとれている状況である。対外FDIでも最大の国アメリカは、対内FDIでも最大の受け入れ国だったのである。やはり日本の対内FDIの小ささは際立っている。

2000年代に入り、日本政府も対内FDIの促進策を積極的に展開している。これまでの先行研究では、一般的にFDIを行う企業は、しない企業よりも生産性が高い傾向があることが知られている。そうした海外企業が持ち込む新しい技術や知識を吸収する能力が広く社会に存在していれば、対内FDIはGDPの向上をもたらすこともおおむね明らかとなっている。日本政府としても、対内直接投資を増やしたい所以《ゆえん》である。

その中で、世界から日本に入ってくるFDIが小さい理由については、様々なものがあげられる。会社設立の手続きの煩雑さはよく話題になるし、日本人の外国語能力（特に英語によるビジネス・コミュニケーション力）も言及される。いずれも対内FDIの阻害要因となっている可能性はある。しかし、これといった決定的な阻害要因に関しては、今のところまだ定まった見解はない（清田、2015）。

アジア経済の多極化は、日本企業とは異なる分野の強みを持つ企業が日本以外のアジアで生まれていることを意味している。そうした異なる強みを持つ企業を誘致し、そこに日本の持つ比較優位分野をつなぐことで競争力を出していくような方策が、今後有効となるかもしれない。いずれにせよ、多極化した時代において、日本はアジアの中で新しい関係構築に向けて動く必要がありそうである。

第5章 もう一つのアジア経済

1 インフォーマル経済の光と影

アジア経済を見る視点

2000年代に入って間もないころ、一年の二～三ヵ月を研究のためベトナムで過ごしていた時期があった。首都ハノイと商業都市ホーチミン市には、行きつけの場所もいくつかあった。ハノイでは、地元でおいしいと評判のバインバオ（肉まん）屋がそのうちの一つである。といっても、それは常設の店舗を構えるレストランではない。とある交差点の定位置におばあさんが折りたたみいすに座り、年季の入ったアルミ製の蒸しせいろを数段積み重ねて、お手製のバインバオを売っているのである。ベトナムのバインバオは日本の肉まんを少し大きくした感じである。現地では、作り手によって春雨《はるさめ》や肉、その他の具材と味付けで差別化が図られている。私はいろいろと試行錯誤を重ねた結果、そのおばあさんのバインバオが一番好きという結論に達したのだった。一つ20円ほどだったその肉まんを、バイクタクシーに乗って買いに行くのが、ささやかな楽しみだった。

ホーチミン市では、道端でステーキを焼いて出す屋台があった。炭火を起こした七輪のようなもので焼かれた薄い牛肉ステーキに、フランスパン一片がついて150円程度だった。そこで使われる牛肉はニューヨークのステーキハウスと比べてしまうと貧弱だったが、バターとガーリックをベースとしたオリジナルのソースは、食欲をそそった。現地調査がうまくいかず、くじけそうになった時によく行った。アジアを旅行したことのある人であれば、このように道端で様々なものが売られていたり、パンク修理や散髪などのサービスが提供されていたりするのを見たことがあるのではないかと思う。

本書ではこれまで著しい経済発展を成し遂げ、21世紀に入りグローバルな存在感を急速に高めたアジア経済の側面を中心に描いてきた。まさに「アジアの世紀」と呼ぶにふさわしい、たくましく成長するアジアである。しかし経済というのは複雑で多様な、生きた社会の一部である。一つの視点から全体像を見通して、一筆書きできれいに描写できるものではない。どのような視点で迫るかによって、見える像も異なってくる。もちろん、どのように見えていたとしてもそれはすべてアジア経済の一部であり、どこかでつながっていることに変わりはない。この章では、こうした異なる切り口からアジア経済を眺めてみよう。

インフォーマル経済の規模

ベトナムの上述のような経済活動は、一般的にインフォーマル経済と呼ばれている。この部分についても再び『現代アジア経済論』における埼玉大学の遠藤環《たまき》准教授との共著章に沿って、データを補完しながら話を進めることにしよう（遠藤・後藤、２０１８）。なおインフォーマル経済に関する定義は、その時々の政策的関心に従って変遷してきたが、本書ではその詳細に立ち入ることはしない。ここでは、大まかに社会保障や課税の対象になっておらず、公式に登録されていないような職業・生業の集合体として捉えておこう。ちなみに、そうした活動は国によっては非合法と捉えられることもあるが、重要なのは生み出す財やサービス自体は合法であるという点である。人身売買などの非合法な活動とは区別されることを、あらかじめ強調しておきたい。

意外に思われるかもしれないが、今の時代を生きる世界の半分以上の労働者は、実はこうしたインフォーマル経済の中で働いている。２０１８年に出版されたＩＬＯ（国際労働機関）のインフォーマル経済に関するレポートの推計値によれば、２０１６年時点で世界の就労者

図表5-1　アジア各国のインフォーマル雇用比率（2016年）

	インフォーマル雇用比率（農業部門除く）			
	合計（%）	インフォーマル・セクター（%）	フォーマル・セクター（%）	ハウスホールド(家計)・セクター（%）
ブルネイ	32.9	4.2	22.7	6.0
カンボジア	89.8	67.3	21.2	1.4
インドネシア	80.2	62.7	8.3	9.1
ラオス	78.5	55.2	23.2	0.2
ミャンマー	82.3	64.9	16.9	0.5
ベトナム	57.9	37.4	19.8	0.7
中国	53.5	47.3	6.2	0
韓国	28.8	23.3	5.6	0
日本	16.3	12.0	4.3	0

出所：ILO（2018）より筆者作成

の61・2%がインフォーマル経済に従事していることである。農業部門を除いた非農業労働従事者だけでも、50・5%がそこで生計を立てていた。

同書の定義するアジア太平洋地域（本書で定義するアジアより多くの国を含んでいる）では、その比率は非農業労働従事者の59・2%だった。そして、図表5-1は本書が対象とするアジアについて、データが報告されていた国別の状況である。

図表5-1では、インフォーマル雇用を「インフォーマル・セクター」と「フォーマル・セクター」に分類して、それぞれの「セクター」に該当する労働者の比率を出している。この表は、インフォーマル／フォーマルという基準を「事業所」ベースで分類したものである。つまり、登記されていない事業所（インフォーマル・セクター）で働いているほぼすべての人たちと、登記されている事業所（フォーマ

ル・セクター）で働いているが、雇用形態がインフォーマルな人々が含まれる。雇用形態がインフォーマルというのは、労働者が労働法制や社会保障の対象にならない雇用状況を指し、使用者（経営者）の家族も含まれる。最後の「家計部門」は主に家事労働者を指す。

この表によれば、アジア域内でもインフォーマル経済の大きさが一様でないことが明らかである。データが示されている国の中ではカンボジアの89・8％が最も高く、ミャンマー（82・3％）とインドネシア（80・2％）がこれに続く。農業労働従事者を除いた就労者の10人に8人から9人がインフォーマル経済で働いていることになる。このうち、登記されていない企業（インフォーマル・セクター）で働く労働者は、カンボジアで67・3％、ミャンマーとインドネシアもそれぞれ64・9％、62・7％と高い。一方、韓国（23・3％）や日本（12・0％）など、所得レベルが高い国では比較的低い。

ハリス＝トダロ・モデル

都市部のインフォーマル経済を理解する経済学的枠組みとして、ハリス＝トダロ・モデルが有効である（Todaro, 1969; Harris and Todaro, 1970）。このモデルでは、一国経済を農村と都市の2部門に分けて、その間の労働力移動（特に農村から都市への移動）について考察している。

基本的な前提として、労働者は賃金の高いところへ移動する。これをベースに考えれば、労働市場がきちんと機能すれば、両部門の賃金水準が同じとなる水準で、労働力の移動は止まることになる。少し補足しよう。第2章で述べたように、資本量が変わらないと仮定した場合、資本に対して労働力が少ない時は労働の限界生産力は高く、賃金も高い。逆に資本に対して労働力が多くなると、労働の限界生産力は下がり、賃金も低くなる。つまり、農村から都市に働きに出る人が少ないと都市部の賃金は高く、農村部の賃金水準は低い状況となる。この賃金格差を見て、農村の労働者は都会を目指すのである。こうした調整が働いた結果、都市・農村の2部門で賃金水準が同じになるところで、農村と都市部の労働力人口も決まる、というロジックである。

ハリス＝トダロ・モデルのユニークな点は、都市部には賃金がなかなか下がらないメカニズム（賃金の下方硬直性）がある点に注目し、先の分析枠組みに明示的に取り入れた点である。最もわかりやすいのが、最低賃金法である。これが設定されている場合、企業は労働者をその賃金水準以下で雇うことができない。少し具体的に考えてみよう。

仮に農村と都市部の賃金水準がともに時給100円だったとしよう。そこに突如政府が時給200円という最低賃金法を施行して、都市部にだけ賃金の最低水準が設定されたとする（最低賃金法は自営農業が中心の農村には当てはまらないと仮定）。すると都市部の雇用者は、労働の限界生産力が少なくとも200円になるまで雇用を減らす行動に出る。賃金水準のほうが労働の限界生産性よりも高いと赤字となるからである。結果として仕事を失った労働者が農村に帰れば、農村の労働者数が増えて、賃金水準は低下し、農村と都市部の賃金格差が拡大する。ポイントは、そうなった際に、農村にいる労働者の一部が、失業を覚悟で農村を飛び出して都市部の労働市場に挑んでくることがあり得る点である。もう少し厳密にいえば、都市部の期待賃金水準値と、農村部の賃金水準が同じとなる点で均衡するということになる。しかし、もともと所得水準の低い途上国では、人々には失業している余裕もないため、なんらかのインフォーマルな経済活動で生き延びようとする。これがインフォーマル経済の生成につながる、という理屈である。

このような理論的背景もあり、これまでインフォーマル経済は潜在的失業者の一時的な待機地（偽装失業）であると捉えられてきた。その労働環境がすべて悪いということにはならないが、労働安全衛生や社会保障の観点から多くの課題があるのも事実である。また都市部のインフォーマル経済は、往々にしてスラムや犯罪などと関連付けられたりもした。一方、こうした様々な問題も、経済発展とともに解決されると考えられた。同時にそれをフォーマル化するための方策が多くのアジアの国々で模索された。

しかし他方で、インフォーマル経済の雇用創出効果を重視してポジティブに評価しつつ、発生要因を非効率な経済制度に求める立場もある。潜在的なインフォーマル部門の発展可能性は高いものの、政府による非効率な諸規制が多く、それらを回避するためにインフォーマル化が進むという議論である（de Soto, 1989）。この議論の先には、規制緩和や自由化という政策オプションが生まれた。

多様性と広がり

一般的にインフォーマル経済は非効率で生産性も低いとされており、そうした側面は確かに大きい。しかしタイにおける研究からは、低生産性部門と高生産性部門の両方が混在している実態も明らかとなっている。低生産性部門とは路上の屋台や再利用のためのゴミ拾いなど、偽装失業というタームでくくられる「伝統的」な部門を指す。これに対して高生産部門は、先述した輸出型製造業や観光などの「近代的」なサービス業の下請けの担い手としてのインフォーマル経済の存在である（パスク・糸賀、１９９３）。

筆者のベトナムの調査からも、同様な状況が見られた。ベトナムでインフォーマルに操業するアパレル企業の中には、地場市場向けに自社でデザインしたアパレル製品の製造と市場展開まで行っている企業がいくつもある。そうした企業は、輸出の中心的な担い手であるフォーマルで大規模な国有企業などとは、ほぼすべての面において異なっている。

まず生産設備が古く、縫製工程の生産効率も極めて低い。輸出向け工場では、例えば第3章でも取り上げたような、生地の裁断工程において裁断機をコンピューターと連動させ、自動化されている事例も増えている。しかしインフォーマル企業では従業員が狭い通路に座り込み、はさみで型紙を当てながら生地を切っていたりする。工場の生産システムも先述の秒数単位の工程間分業管理が導入されているのは少数派で、一人でほぼすべてを縫い合わせるような強引なものも見受けられる。そのような過程で作られる製品は、縫製部分の正確さや堅牢度などで問題があるのが常である。つまり、「工程」および「製品」の高度化に多くの課題があるのである。

こうした「遅れた」側面がある一方で、これらの企業の中でも力のあるところが、自社でデザインを起こした製品を自社ブランドで展開しているケースもある。つまり、自ら製品企画を行い、市場形成を行っているのである。アパレルのバリューチェーンでは、最も難しい機能である。この機能が難しいのは、それが大きなビジネス上のリスクをはらんでいるからである。というのも、この製品企画を担ってバリューチェーンを主導する主体が、製品の在庫リスクも抱えるからである。そうしたリスクは市場の不確実性に起因するが、それをマーケティングなどによって合理的に下げることが企業パフォーマンスを決定する。こうした能力を培うのは容易ではなく、経験などを通じて蓄積する暗黙知が重要となる。もちろんベト

図表 5-2　ベトナムのアパレル産業の二重性

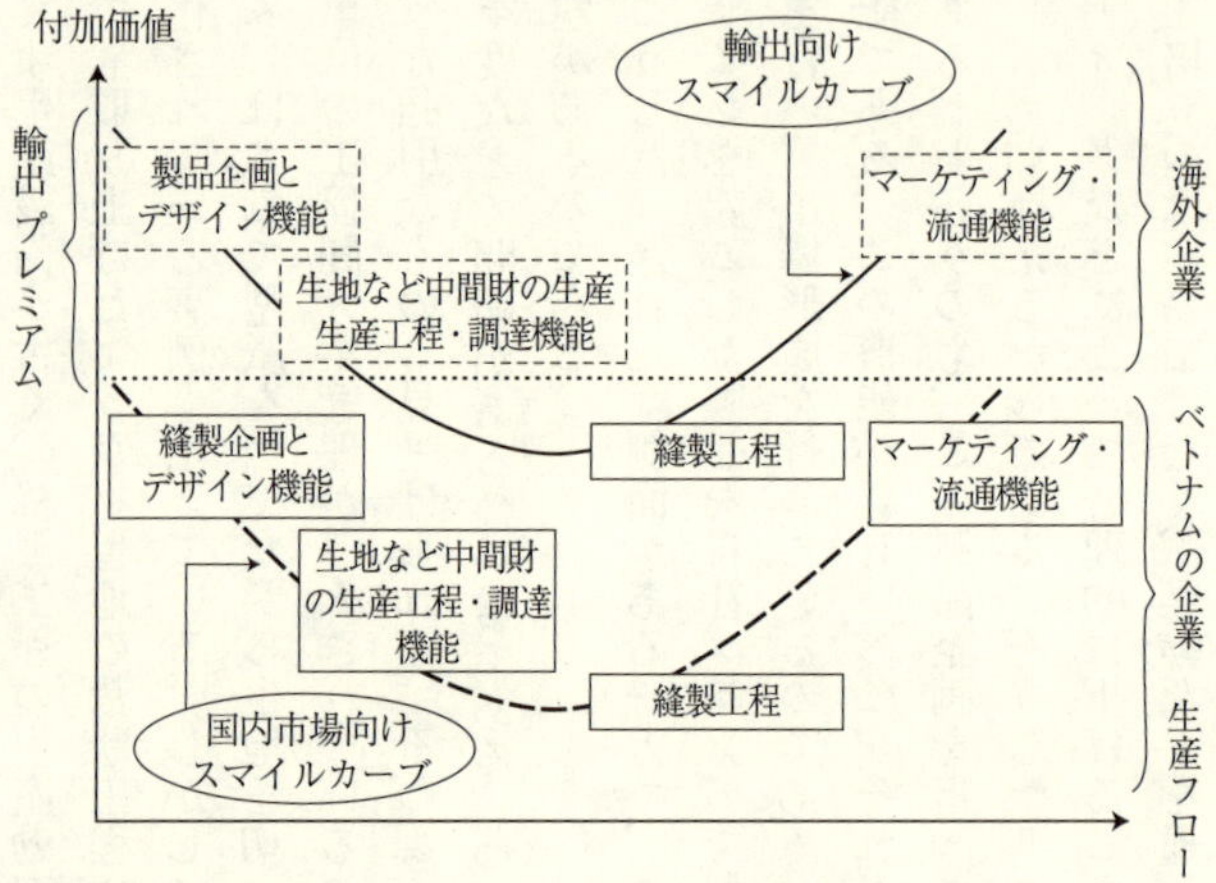

出所：Goto（2014）

ナムのインフォーマル経済では、よく売れている他社の製品デザインをコピーしたり、あるいは海外ブランド製品の模造品を無許可で生産・販売したりといったことが多いのも事実である。しかしその中の一部には、その後成長軌道に乗ってフォーマル企業化した事例もあった。つまり、「機能」の高度化に成功するケースも出ているのである。

こうした状況が、現在ベトナムで図表5-2のような興味深い現象を生んでいる。

つまり、一方では「工程」と「製品」の高度化を最大限達成しつつある輸出向けのアパレル産業がある。こちらがグローバル・バリューチェーンとの関わりを持つ産業部門である。他方、こうした高度化のいずれも成し遂げていないものの、「機能」

面については、ある意味では輸出型の大規模縫製企業よりも先に進んでいる地場のインフォーマル企業もある。国内市場向けに展開する産業部門のスマイルカーブが輸出向けよりも下位にあるのは、製品の付加価値額が輸出セクターのほうが概して高いからである。いわゆる輸出プレミアムである。日本など先進国の企業から見れば、ベトナムのアパレル産業といった場合に念頭にあるのは、輸出向けを担うフォーマルな部分だろう。しかし、実際のベトナム経済のアパレル産業では、後者の全く異なった世界も広がっているのである。

タイのアパレル産業の例

一般的には、先述のように輸出向けを担うフォーマル経済と国内市場を対象とするインフォーマル経済の間には隔たりがあることが多い。しかしその隔たりの程度は、国や産業、さらには対象とする市場によっても大きく異なっている。そこで、アジアのインフォーマル経済が、これまで議論してきたグローバル・バリューチェーンが複雑に展開するダイナミックなアジア経済とどのように関わるのかについて、タイとベトナムのアパレル産業の事例から少し検討を加えてみよう。

タイのアパレル産業は、台湾や韓国などのアジアNIEsがその分野で競争力を失い始めた80年代に、主要な輸出型産業に躍り出た。しかし90年代に入り、今度は中国やベトナム、バングラデシュなどの新たなアパレル生産の担い手が出現すると、急速にその国際競争力が低下した。産業レベルの国際比較優位の有無や変遷を見る一つの指標に、顕示比較優位（Revealed Comparative Advantage、RCA）指数というものがある。例えばタイのアパレル産業のRCAは、タイの全輸出に占めるアパレル輸出比率（10%だったとしよう）を、世界の全輸出に占めるアパレル輸出比率（5%だったとする）で割ったものとなる。この指数が1より大きい場合（このケースでは10%／5%＝2）、タイはアパレル産業に国際比較優位があり、1より小さければないとされる。これによれば、タイのアパレル産業のRCA指数は1990年代に入ると一貫して低下し続け、2007年には1を割り込んだ。それ以降、タイのアパレルは国際比較優位を持つ産業ではなくなったのである。

タイの輸出型アパレル産業の国際比較優位が低下した最大の要因は、労働コストの上昇である。タイの輸出向けアパレル産業も、その展開は日本と欧米向け輸出から始まった。その中でタイの企業は、第3章で述べた労働集約的な縫製工程だけを担っていた。つまり、製品企画やマーケティングなど、より知識集約的な工程・機能には関わっていなかったのである。タイのアパレル企業のとるべき方策は、さらなる「工程」や「製品」高度化を進めるか、「機能」の高度化を果たすことだった。しかし筆者らのタイにおける調査では、こうした高度化が輸出向け産業で起きているケースは見られなかった（Goto and Endo, 2014a, 2014b）。

高度化が果たせない場合、企業は生産要素費用（特に労働コスト）を下げて、高まる競争圧力をしのぐしかない。バンコクおよびその周辺に立地していた企業も、より賃金水準の安い地方に工場を移転していた。その結果、ミャンマーとの国境沿いのメーソートという、タイ北部ターク県の町に縫製工場の集積が生まれた。ただし、タイ全体の経済発展が進むにつれて、暑くて埃《ほこり》が舞う縫製工場で働きたいという人はメーソートでも次第に減っていき、やがてタイ人労働者を確保することが困難となる。そこで、多くの企業はミャンマーからの出稼ぎ労働者に依存するようになったのである。こうした労働者は、川を隔てた対岸のミャンマーの街ミャワディから毎日船に乗って働きに来ていたり（多くは労働許可証なしで）、あるいはビザなしでメーソートに居住したりするような人たちだった。実にインフォーマルな雇用環境の下で働いていることが多かったのである。

「底辺への競争」

筆者は同様の調査をベトナムでも行ってきたが、日本向けのアパレル輸出で、登記されていないインフォーマル企業がバリューチェーンの一端を担っているという事例は見当たらなかった。それは、アパレルも他の製品同様、先進国、特に品質基準の厳しい日本市場向けのものづくりを担うには、相当に高い技術的ハードルをクリアしなければならないからである。

そのような技術を持つインフォーマル企業は極めて少ない。

また、欧米では特にアパレルの生産に関わる途上国の労働環境への消費者の関心が高い。いわゆるコンプライアンスの問題である。90年代にアメリカの企業であるナイキが生産委託していたインドネシアやベトナムの工場において、強制労働や児童労働の実態が明らかになると、全米の大学でナイキ製品のボイコット運動が起こった。インフォーマル経済の労働環境がすべて悪いわけではないが、労働法制が及ばないことから問題が多いのも事実である。

ただし東欧やアフリカ向けなど、中所得国向け輸出に関しては、比較的規模の大きなインフォーマル企業が、生産下請けを担っているような事例も見られる。バリューチェーンがどのように組織されているかは、それを統括する主導企業が担う輸出先の市場要求によって異なるのである。タイの調査からも、中東や旧ソ連、アフリカなど非先進国向けのバリューチェーンにおけるインフォーマル化の可能性が見える。第4章で取り上げたアジアの多角化の一端には、こうしたインフォーマル経済との関わりを持つ新興市場向けのグローバル・バリューチェーンもあり、その様相もまた多様である。

高度化が果たせないと、企業としては労働条件等を下げて生き残りを図る他に道がなくなってしまう。こうしたタイプの競争戦略は、一般的に「底辺への競争（Race to the Bottom）」と呼ばれる。タイのメーソートの事例が、こういうパターンに限りなく近い。一方では先述した、自ら製品企画やデザインを担い、地場市場向けに生産・流通を主導するようなインフォーマル経済の姿が同居しているのが、アジアなのである。

まだ途上国の性格も併せ持つアジアの人々にとり、インフォーマル経済はよりよい暮らしへの有力な上昇経路となりうるが、「底辺への競争」に巻き込まれれば相対的貧困が拡大してしまう可能性もある。21世紀は確かにアジアの世紀だが、アジアの人たちの多くが、まだこうした世界で生きている。様々な制約の中で、知恵を絞って日々の糧を得ようとする、生存をかけた姿もそこにある。こうした多様で奥行きのある地域としてアジアを認識することは、現実感覚に根差したアジア経済観の醸成に不可欠である。

2　格差がもたらすもの

国家間格差か、国内格差か

2009年に経済協力開発機構（OECD）が、中国や東南アジアをはじめ経済成長が見られた多くの国々でも、インフォーマル経済は減るどころか常態化しているという内容のレポートを発表した（Jütting and de Laiglesia, 2009）。先進国でもインフォーマリティの問題が雇用関係、特に正規・非正規雇用として広く見られるようになった点も指摘されている。こうしたインフォーマル経済にまつわる諸問題は、往々にして格差問題へと展開される。そこで本章の残りでは、アジアにおける格差についても考えてみたい。

第1章では、『東アジアの奇跡』を取り上げた。その主要なメッセージは、東アジアが20世紀の後半で驚異的な成長を、格差の顕著な拡大なしに達成した点にあった。しかしこうした状況は、現在のアジアには当てはまらない。今や格差はアジアに通底する最も気がかりな問題の一つである。ＡＤＢＩ（アジア開発銀行研究所）が２０１９年に公刊したアジアの所得格差に関するレポートの内容を紹介しながら、現状を振り返ってみよう（Huang, et al. 2019）。なお、同レポートの「アジア」も本書が対象とする範囲より広く、インドやバングラデシュなどの南アジアの国々およびフィジーなど太平洋諸国が含まれている。

図表5-3は、同レポートで報告されていたアジア域内の２００８年の所得格差の状況を、１９９６年と比較したものである。ここでは格差の程度を図る一つの指標であるタイル尺度（Theil Index）が使われている。「アジアの所得格差」は、①アジアの国々の間の所得格差（国際格差）と、②一国内の所得格差（国内格差）の二つの異なるレベルのものが合わさっている。タイル尺度を用いると、「アジアの所得格差」をこの①と②に要因分解でき、地域の格差レベルをこれらの合計で表せるのである。なお格差がない場合、タイル尺度は0の値をとり、格差が拡大するにつれてその数値も上昇していく。

図表5-3によれば、1996年のアジア全体のタイル尺度は0・24だった。そのうち、国と国との間の格差（国際格差）要因が0・05で、残る0・19は国内の格差要因だった。2008年にはアジア全体の数値は0・34まで上昇した。40％の上昇である。その内訳だが、国際格差要因が0・1だったのに対し、各国の国内格差に起因する部分が0・24と、やはり高い。これらは、次の2点を示している。第一が、1996年から2008年の間でアジアの格差は全体として大幅に上昇した、という点。第2にその7割程度が各国国内の格差要因から発生している、という点。第2章ではアジアの国家間の所得水準の多様性について述べたが、格差という観点からいえば、むしろ国内の問題が顕在化してきているのである。

図表5-3　アジアにおける所得格差の推移

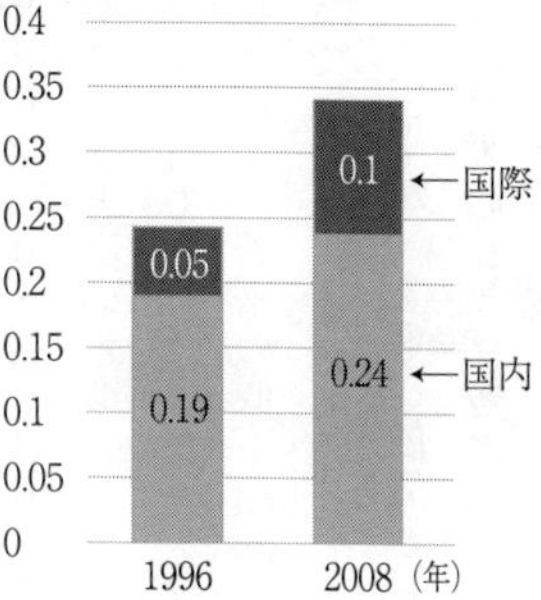

出所：ADBI (2019)

格差を測るツールとしては、ジニ係数（Gini Coefficient）という指標も有名である。これは、0と1の間の数値をとるもので、その社会の構成員が全員同じ所得の場合は0、そのうちの一人がすべての富を持つ場合（その他の人々は何も持たない、完全に不平等なケース）には1という値をとる。

世界銀行のPovcalNetというデータベースによれば、例えば中国では1981年のジニ係数は0・28だったが1990年に0・32、2005年には0・41にまで上昇し、2015年には若干低下したものの0・39と高い水準となっている。インドネシアでも2000年に0・29だったのが2017年には0・38にまで上昇するなど、格差の拡大傾向が見られた。また、タイとマレーシアなど近年、若干の低下傾向にある国もある。しかし、この二つの国については1992年段階ではどちらも0・48と非常に高く、それぞれ0・37（2017年）と0・41（2015年）まで下がっても、依然として高水準には変わりなく、大きな政策課題となっている。ちなみに日本のジニ係数に関して、同データベースでは2008年のものしかなかったが、それによれば0・32という値だった。

格差の要因

格差の要因については、様々なものが考えられる。ここでは、必ずしも定説となっているわけではないが、先述のADBIレポートに沿いながら、代表的なものを紹介しておこう。まずはグローバル化である。21世紀のアジア経済ダイナミズムの最大の特徴である経済統合は、まさにその具体的な姿である。本書でも、アジアの国々がグローバル・バリューチェーンにつながることで産業の高度化を果たしていった側面を見てきた。しかし、グローバル化は同時に教育や高度なスキルへのリターンを高める方向に作用する。そのため、そうした能力の獲得に恵まれなかった人々や地域が社会的に排除（marginalize）される可能性がある。例えばグローバル・バリューチェーンの展開によって地場経済が国際的な分業ネットワークに組み込まれるとしよう。これにより生まれる新たな経済機会の恩恵にあずかれるのは、いわゆる熟練労働者が中心で、非熟練労働者は取り残されがち、ということである。

同様な議論としては、近年の目覚ましい技術進歩があげられる。技術進歩は生産性向上に寄与した。しかしそれは同時に異なるタイプの資産へのリターン（収益率）も変えてきた。資本家と労働者がいた場合、資本へのリターン（資本分配率）が労働へのリターン（労働分配率）よりも大きくなっている状況が指摘されている。また新しい技術は高度な知識と補完的であることが多いため、そうした素養を持つ労働者へのリターンも相対的に大きくなる点も言及される（Acemoglu, 1998）。いわゆるスキル偏向型技術革新である。こうした問題への対処には、教育機会の不平等を是正することが要となる。

また労働市場との関連では、特にその柔軟性に関するものがあげられる。労働市場の規制緩和である。労働市場の柔軟化はより効率的な資源配分を可能とする一方で、非熟練労働力のリスクも相対的に高まるとされる。この問題は正規・非正規雇用との関連で議論されることが多い。国際通貨基金（ＩＭＦ）によれば、韓国と日本の所得格差の最大の要因がこの正規・非正規という労働市場の二重性にあるとしている（IMF, 2016）。

また、最近では都市部と地方といった地理的な要因による格差の問題も注目され始めている。いわゆる空間的格差である（浦川・遠藤、2018）。中国の成長を牽引してきた沿海部と、遅れた内陸部という対比が、わかりやすい一つの事例かもしれない。また都市化の進展自体も、こうした空間的格差を強めている。今世紀に入ってから、都市化の進展が世界的に見られるが、その傾向はとりわけアジアで顕著である。

都市化については、1980年代あたりまではその経済成長率よりも、都市部の人口増加率のほうが速いために起こる様々な問題を議論した「過剰都市論」で捉えられることが多かった（遠藤・大泉、2018）。インフォーマル経済もその一つである。しかし今日、都市はグローバル・バリューチェーンの結節点として、国家の枠組みを超えた機能を担うようにもなった。アジア各国の主要都市の経済レベルが、その他の地域と乖離し始めたことで生じる格差である。上海やバンコク、クアラルンプールなどアジア中所得国の大都市で暮らす人たちのライフスタイルは、同じ国の地方よりはむしろ東京やソウルなど先進国の大都市に近い。第3章で議論したアグロメレーションが進み、集合的効率性が重要になればなるほど、そうしたグローバルな機能を果たせる都市の重要性が上がり、空間的格差も拡大する可能性がある。日本における東京一極集中のような事態が、アジア各地ではよりドラスティックに進みつつあるのである。

格差と経済成長の関係

格差は、他の問題にも影響する。高いレベルの格差は経済成長の阻害要因となりうるし、また政治的安定性を弱めるとも考えられている。

これまで格差と経済成長を考える際には、経済成長がどのように格差に影響を及ぼすかという視点が中心だった。その代表的な研究としては、今から半世紀以上前に発表されたサイモン・クズネッツの逆U字仮説がある（Kuznets, 1955）。これは、所得レベルの低い国では皆が一様に貧しいため格差はないが、経済発展とともに格差が拡大していき、そしてさらなる発展の先には再び所得分配が平等化する、というものである。縦軸に不平等を測るジニ係数のような指標をとり、横軸に所得レベルをとると、その相関が逆U字型となることが名前の由来である。

このクズネッツの逆U字仮説は、実際にそのような関係が実証できるのかという点において、大きな論争を呼んだ。その後これについての計量的な研究も多く出たが、結論がはっきりと出たとはいえない。一方で90年代以降、格差が経済成長にどのような影響をもたらすのかという、逆の因果関係を探ろうとする研究も出始めた（浦川・遠藤、２０１８）。そうした研究の多くは、格差が経済成長に負の影響を及ぼすことを示している。その理由としては、一部の高所得層への富の集中が低所得層の物的・人的資本の蓄積機会を限定してしまうことがある。これが国レベルの生産性向上を阻害し、成長ポテンシャルをフルに発揮できなくする、という議論である。また、富裕層の消費性向は一般的には低所得層よりも低いため、所得分配の不平等は総需要を下げるという指摘もある（ADBI, 2019）。

格差の影響については、政治的な要因を介した経済成長との関連性も重視されている。例えば格差が拡大すると、大多数の低所得者層からの政治的圧力が増大して、結果的に成長を阻害しがちな再分配政策が強く出る傾向がある、というものである。より高い課税や規制の強化などが、高生産性部門の成長ポテンシャルを削ぎうる点に注目した議論である（Persson and Tabellini, 1994; Alesina and Rodrik, 1994; Alesina and Perotti, 1996）。

なお、この代表的な研究としては、ストックホルム大学のパーソンとブレシア大学（イタリア、当時）のタベリーニが経済学の学術雑誌の最高峰である『アメリカン・エコノミック・レビュー』誌に掲載した1994年の論文がある。そこでは成長を犠牲にしてでも再分配政策を採用するような事態は、民主主義国家に限られるとしている。しかし、最近の中国の格差拡大に対する中国共産党の対応を見れば、格差是正が政治体制を超えて国家安定の要衡であることが理解できよう。

米中貿易戦争の影響

さて、これまで本書は、主に国や企業の枠組みを越えて、有機的につながり始めたアジア経済にフォーカスしてきた。ICTの進展や製品・工程アーキテクチャのモジュラー化などは、グローバル・バリューチェーンの展開を後押しし、新たなダイナミズムも生んできた。しかしその著しい経済成長の裏側では、インフォーマリティや格差という社会的状況も静かに頭をもたげつつあり、それが政治問題化して実社会を揺るがす事態も見られるようになった。本章の締めくくりに、こうしたグローバル化の裏側に見え隠れする、こうした個々の諸課題が、統合度を深めるアジア経済全体にどう影響するかを見ておこう。

所得分配の不平等が社会的不満を募り、それが暴動やクーデターなどに発展して政治的不安定を招く事例を、私たちはこれまで幾度となく目にしてきた。近年のポピュリスト政権の誕生も、国内の格差問題が背景にあることも多い。そして、こうした問題が、アジアにおいても顕在化しつつある。

今や、自国以外のアジアの問題は、つながるようになったアジアの他の国々にも伝播する。その際の一つの主要な経路が、グローバル・バリューチェーンである。その最もわかりやすい事例が、現在進行中の米中貿易摩擦である。

2017年1月、アメリカに誕生したトランプ政権は、それまでのグローバル化の推進役から一転して、強硬な保護主義的な姿勢で世界と関わり始めた。環太平洋経済連携協定（TPP）の離脱や北米自由貿易協定（NAFTA）の再交渉などがそれである。そして2018年3月、中国による知的財産権の侵害を理由に制裁関税の発動を表明する。同年7月にアメリカが中国からの輸入品340億ドル（3・8兆円）分に25％の関税をかけると、中国もアメリカからの同じ規模の輸入品に同レベルの関税をかけることで報復した。こうして始まった貿易戦争はその後、両国の追加関税の応酬によりますますエスカレートした。

グローバル・バリューチェーンの時代においては、アメリカの対中制裁措置は、そのバリューチェーンに参加するすべての国・企業への制裁になる。そして、その中にはアメリカの企業も含まれるのである。相互依存関係がこれまで以上に緊密化した現在、こうした単純なモチベーションに基づく貿易戦争は誰のためにもならないことは明らかである。

米中の貿易戦争は、グローバル・バリューチェーンの再編を促した。例えば、シャープは中国で生産していた複合機をタイへ、そして京セラも同じく複合機の生産をベトナムへ移転することを検討し始めたりした。こうした動きは、中国企業にも広がった。パソコンメーカーのレノボや家電メーカーのTCLも、それぞれベトナムに進出する計画を明らかにしたのである。中国がアメリカ向けのバリューチェーンで担っていた生産工程や機能の、周辺アジア諸国への移転が見られるようになったのである。しかし、そうした決断を迫られた主導企業にとっては、バリューチェーンの一部の工程を切り取って他国に移転しても、以前と同じレベルの集合的効率性を実現できる保証はない。生産工程の移転費用が発生するうえ、新たな移転先におけるサービス・リンク・コストが以前より上昇する可能性もある。相互依存関係が強まった世界だからこそ、他国で起こる問題が、自分のビジネス・リスクとして波及するのである。

グローバル・バリューチェーンは、政治的な問題から派生するリスク以外にも、自然災害にまつわるリスクも伝播させる。例えば、2011年8月から12月にタイで大雨による未曽有の大洪水が起き、甚大な被害を出した。半世紀で最大といわれたこの洪水は、バンコク周辺の電子・電器産業の集積地も飲み込んだ。そして、この洪水による現地の被害が、バリューチェーンを伝ってそれ以外の地域にも伝播したのである。

例えば、タイはパソコンのHDDの主要生産地で、東芝やウェスタン・デジタル社などがそこを中核生産拠点としていたが、これらの工場も浸水被害にあった。そうした企業におけるHDD生産の遅滞が、それを組み込むパソコンの生産も滞らせた。洪水被害に直接晒されなかった企業も影響を受けたのである。こうした状況は、バリューチェーンの分断などと呼ばれた。

アジアに住む私たちは、すでに国境を超えたつながりの中で生きているのである。そうした世界では、アジアの隣国で起こる様々な問題は、すなわち私たち自身の課題である。もはや近視眼的な国益志向を前面に押し出して、豊かさを追い求めていく戦略は成立しない。この相互依存の時代をいかに上手に、ともに豊かに生きていくか。これには今までと異なる、新しい戦略的視点が必要となる。

終章　アジアの時代を生き抜くために

日本衰退論を超えて

90年代初頭のバブル崩壊に端を発した「失われた20年」を経て、日本経済の将来見通しに対する悲観的な見方がずいぶん広まった。90年代後半には山一證券と日本長期信用銀行、さらには北海道拓殖銀行が破綻した。日産の経営危機もあった。21世紀に入っても、主要DRAMメーカーであるエルピーダメモリや日本航空が経営破綻するなどした。東芝やシャープの事例も本書で取り上げたとおりである。

そして特に象徴的だったのは、2009年に自動車用プレス金型最大手のオギハラが、タイの自動車部品メーカーであるタイ・サミット・グループの傘下に入ったことである。同社の一工場は翌年、中国のＢＹＤ社に売却された。ＢＹＤについては第4章でも触れた。短期間のうちに電気自動車で世界をリードするようになった中国・深圳の企業である。自動車といえば日本経済の本丸であり、金型産業は強いものづくりを支える重要な柱である。そうした部門にも、抗《あらが》うことのできない大きな変化の波が押し寄せたことに、ショックが広がった。

　産業のレベルを超えて、日本全体についても衰退論的言説が定着しつつあるように思われる。第2章でも見たように、２０１０年には中国にＧＤＰで抜かれ、その差はますます拡大している。アジアに占める日本のＧＤＰ比率の低下も著しい。また人口も２００８年の１億２８０８万人をピークに減少に転じた。国立社会保障・人口問題研究所が２０１７年に公開した将来推計人口によれば、出生率・死亡率がともに中位水準で推移すると仮定した場合、日本の人口は２０５３年には１億人を割り込む。そして今から１００年も経たない２１１５年には５０５５万人程度になる。そうした中で少子高齢化も進行している。65歳以上が人口に占める「老年人口割合」も２０１５年には26・6％だったのが２０３６年には33・3％、さらに２０６５年には38・4％になるという推計である。

　アジア経済の変容は著しく、それは日本社会にも大きく影響している。日本がアジアの成長を一手に牽引した20世紀は終わった。今世紀に入って、過去の戦略や考え方が通用しなくなったことを理解するのは、「茹でガエル」となるのを避けるためにも重要である。ただし日本が完全に凋落《ちょうらく》したと希望を捨て、シニカルに構えるというのは視野が狭窄《きょうさく》的に過ぎるし、生産的でもない。環境や技術の変化などにより、これまでの競争力の源泉が枯渇してしまうことがある一方、逆に強みをますます発揮できるようになった工程や機能もあるはずである。

変化しなければならないところを見定め、伸ばすべきコア・コンピタンス分野をさらに強化する方策を探る。このようなスタンスが、バランスのとれたより現実的な姿勢ではないだろうか。本書の締めくくりに、こうした側面について少し考えをめぐらせてみたい。

日本は経済複雑性指標1位

21世紀を生きる私たちは、私たちの先祖が生きた時代にはなかった様々な便利な製品に囲まれて暮らしている。LED電球は暗い部屋を隅々まで明るく照らしてくれるし、低温物流の普及によって、海に面していない内陸の町でも新鮮な魚が食べられるようになった。また医学の進歩は致命的だったいくつかの病気やケガを治療可能としたし、遠く離れた異国の地へも、飛行機が私たちをあっという間に運んでくれる。

こうした経済成長の果実は、私たちの社会をずいぶん豊かにした。しかし、それは私たち一人一人の能力が、先人と比べて必ずしも高くなった結果ではない。私はLED電球を作ることはできないし、それが発光する理由もよく知らない。しかし、世の中にはこのLED電球に使われる発光ダイオードを設計したり、それに必要な材料を作ったり、さらには効率よく組み立てるのに必要な知識を持つ人たちがいる。知識はより深く、しかし専門化・細分化されるようになったのである。このように異なる種類の生産的な知識（productive knowledge）を持つ人々がたくさん集まり、それが形作る多様な能力（capabilities）を持ち寄ることで、LED電球が実際の製品として私たちの暮らしを支えている。こう考えれば、どんな製品でも、それは知識の集合体であると捉えることもできる。そして製品が高度で複雑であればあるほど、多様な能力を持つ人たちが必要となり、そうした異なる能力をうまく組み合わせて、つなげなければならない。

こうした観点から経済成長にアプローチするのは、アメリカのハーバード大学のリカルド・ハウスマン教授とマサチューセッツ工科大学（MIT）のセザー・ヒダルゴ准教授らのグループである。彼らは、経済成長が知識の多様性と、それが市場や組織などを通じて複雑に組み合わさることで実現するとしている。そして一国の経済の持つ生産的知識の多様性と、その能力の偏在性（あるいは希少性）に注目し、経済複雑性指標（Economic Complexity Index、ECI）という概念を提唱した。ここでは、知識の多様性が高ければ高いほど、そしてそれらが希少であればあるほどＥＣＩは高く、成長ポテンシャルも高いとされる（Haussmann, et al. 2014）。

このＥＣＩの推計値が、ＭＩＴの経済複雑性観測所（The Observatory of Economic Complexity、ＯＥＣ）のウェブページで公開されている。それによると２０１７年のトップは日本だった。というよりも、実は日本は１９８４年以来、ずっと1位なのである。なお、２０１７年の第2位以下にはスイス、ドイツ、シンガポール、スウェーデン、韓国、アメリカと並ぶ。同年の全１２５ヵ国中、アジアで比較的上位に位置したのがマレーシア（25位）、タイ（32位）、中国（33位）である。

日本の生産的知識と能力の多様性が世界でトップという事実は、その成長ポテンシャルが非常に高いことを示している。ＥＣＩと一人当たりＧＤＰの相関は高く、後者がＥＣＩと乖離している場合は、それが示すポテンシャルに所得水準が収束するまで成長が期待できると考えられている。ただし、同指標は今のところ財の輸出データのみで算出されており、サービス輸出を含んでいない。サービスが重要となってきた今日の状況に鑑みれば、この点には注意が必要である。

いずれにせよ、日本の個別知識・能力の多様性は世界トップ水準にあることは、どうやら間違いなさそうである。このポテンシャルを、グローバル化が進んだアジア経済においてより積極的に活かしていくためには、何が必要となるのだろうか。

「選ぶ日本」から「選ばれる日本」へ

これまでの日本主導の一極化時代においては、アジアの企業は日本が組織して統括するバリューチェーンに「組み込む」パートナーであった。こうした日本企業の役割と可能性については、今後も重要であり続けるだろう。しかし、多極化の局面を迎えた現在、日本はアジアの企業が組織し、統括するグローバル・バリューチェーンに積極的に「組み込まれる」ことで、新たに拡大するビジネス機会を模索していく必要があることも間違いない。このことは、アジア企業との向き合い方を、「選ぶ日本（企業）」から「選ばれる日本（企業）」へとシフトさせる必要があることを意味している。一方向から双方向への転換である。

「選ばれる日本（企業）」とは、一体どのような戦略を軸とするのだろうか。

それは第一に、他者の主導するグローバル・バリューチェーンの特定の工程・機能において、代替が利かないようなユニークなポジションを築くことである。巷で言及されることも増えた「プラットフォーム」化戦略もその一つである。そのためには、その特定の分野で他の追随を許さないような競争力を発揮することが必要となる。それは中核的競争力（コア・コンピタンス）の事業領域への経営資源の集中という、グローバル・バリューチェーンの基本戦略でもある。

製品・工程アーキテクチャでも議論したように、モジュラー化した基幹部品の中身は、容易に代替できないインテグラル型であることが多い。実際に半導体関連製品など、多くの基幹モジュラー部品の中身は、日本企業がこれまで得意としてきた擦り合わせ型アーキテクチャに支えられている。「外モジュラー、中インテグラル」である。例えば素材産業に目を向ければ、そのような事例は実に多い。日本企業はこうした分野では世界トップの競争力を誇っている。

ただしコア・コンピタンスは、一度確立したらそれで終わりというものではない。それは常に新たな高みを目指すような、継続的なイノベーションに支えられる必要がある。長期的な経済成長の源泉はイノベーションである。そして21世紀のイノベーションは、もはや一社の内的リソースにのみ依存した形で成功させることは難しい。異なる強みを持つ他社（者）との協働がその成否を決めることが、経済学・経営学の最新の研究成果でも明らかとなっている。

本書の冒頭でも中国の深圳を引き合いに出して少し言及したが、ICTとデジタル技術を核とした新しいイノベーション・エコシステムの興隆がアジアで著しい。特に深圳の場合は、これに裾野の広いハードウェア関連産業の集積が加わることで独自のエコシステムが形作られ、世界から注目を集めている。アジアは新しいパートナーシップの可能性に満ちているのである。しかし、そこにおける日本企業の存在感はまだ小さく、革新の波に乗り遅れそうな現状である。内なる技術蓄積を進めながらも、スタートアップ企業等を含めた他社との協働を通じたイノベーションでコア・コンピタンスをダイナミックに革新する。これが、「選ばれる日本」の第一の戦略軸である。

多様性を受け入れる

第二の戦略軸が、これまで慣れ親しんだものとは異なるシステムへの対応力の向上である。日本が仮想トップだった20世紀のアジア経済では、「日本方式」をアジアに移転すれば、うまく事が運ぶことも多かった。しかし多極化した世界では、日本的な生産やマネジメントとは異なる方法がとられることもあり得る。

例えば、現行の日本の企業間関係に見られるよりも、より厳格で明文化されたルール・契約ベースの協働や生産体制が求められるかもしれない。これは産業構造の再編を促したり、よりミクロなレベルでは仕事のあり方に大きな変更を迫る可能性も高い。日本では常識と思われることでも、世界では非常識なことだってある（その逆もしかり）。そのような非日本的な文脈に適応する能力が必要となる。もちろんこれは、日本が持つ様々な優位性や実践上の知を封じて、相手の方式に完全迎合するということではない。日本の持つ良いところはしっかりと活かしながら、アジアのパートナーが主導するバリューチェーンのガバナンス形態にも適合するような柔軟性を備える、ということである。そうした能力は、一種の包摂力のようなものも必要とする。

現在、日本政府は日本貿易振興機構（ＪＥＴＲＯ）を中心に海外直接投資を呼び込む施策を積極的に打ち出している。ところが実際に外資企業（特にアジア企業）が日本企業を買収するようなケースが出てくると、あたかも日本経済の没落を象徴するかのように、往々にしてネガティブに受け止められてきた。しかしアジア経済の多極化は、日本企業の比較優位分野外で強みを持つアジアの企業が出てきたことが背景にある。そうした企業からのＭ＆Ａを含めたＦＤＩを受け入れることは、長期的な成長戦略の一つの柱となりうる。実際に日本以外の国々では、そうしたＦＤＩが地場産業の競争力強化に寄与し、雇用が守られたり、新たに生み出されたりするような事例も多い。

日本経済もこのような形で多様性を受け入れることは、多極化したアジアの時代では自然の流れと思われる。多様性の受け入れは、時には難しい課題を生じさせるかもしれない。慣れ親しんだ「日本的な文脈」に、異なる慣習や言語によって彩られる「外国方式」を馴染《なじ》ませるには、日本に住む私たちにそれを受容する意思と適応する時間が必要である。現実的な課題としては、例えば外国人を受け入れる社会制度の大がかりな整備の必要性などがあげられるだろう。しかし多極化し、多様化するアジアの一員として、日本もその中で信頼されるパートナーとしての確固たるポジションを築き、共生に向けて動く必要性は変わらない。絶え間ないイノベーションによって代替可能でない先鋭的な工程や機能、プラットフォーム技術をバリューチェーンの中で提供できること、そして日本固有の仕組みとは異なる要素を含む多様性にも柔軟に対応できること。この二つの戦略軸が、多極化したアジアが生み出す新しい相互依存関係に、日本を接続することを可能とする。企業も人も、多様性の中でいかに意味のあるつながりを積極的に作り出すことができるか、その「接続力」が鍵となるのである。

日本が世界に誇る暗黙知

最後に、日本（企業）が持つ「強み」の中で、暗黙知の可能性についても述べておきたい。先述のＥＣＩに関連した研究では、国の所得水準が異なる大きな理由に、暗黙知（Tacit Knowledge）の存在をあげている。知識が、言語やシンプルな形式にコード化されたもの（形式知、Explicit Knowledge）だけであったのなら、それは国境を越えて簡単に移動させることができる。そしてこれを途上国に移転すれば、経済的キャッチアップも比較的容易に起こるだろう（途上国に、そうした新しい形式知を吸収する能力が十分に備わっていると仮定すれば、だが）。しかし、知識にはこうして形式知として表出できず、私たち自身の中に埋め込まれたものも多い。私たちは「言葉にできるより、多くのことを知ることができる」のである（マイケル・ポランニー、1966〔高橋勇夫訳、2003〕）。こうした知識、すなわち暗黙知は、言語化してマニュアルなどに形式化するのが難しいため、他者への移転も困難である。これが国の所得水準の差の大きな要因となっている、という論理である。暗黙知の具体例としては、次のようなものがある。

娘と息子がまだ小さかったころ、それぞれに自転車の乗り方を教えた。自転車には取扱説明書がついてくるが、それをいくら読んでも、自転車に乗れるようにはならない。最初は補助輪を付けて自転車にまたがって前進する感覚を覚え、その後それを外して走行できるようにするのである。その時、子供になんというか。自分は転倒せずにバランスよく自転車を漕げたとしても、それはどういうことなのかを言語化して説明するのは難しい。走行中にふらついて、ハンドルを少し左に切ったりスピードを出したりして態勢を立て直す動作は、自分が意識的に行っているというよりは、脳が言語化のプロセスを経ずに、勝手に体を動かして実行していることである。背後から子供の自転車を支えて走りつつ、息を切らしながら「下を向くな、前を向け」とか、「もう少しスピードを出せ」という断片的なことはいえても、その理論的根拠を説明することは難しく、またそれ以上に包括的で生産的なアドバイスもできない。しかし子供のほうは何度か転びながらも練習するうちに、ふと自転車に乗れたりするようになる。それは、おそらく感覚的なものを体得したのであって、頭で自転車運転技術の仕組みを理解したわけではない。「コツをつかんだ」のである。

暗黙知の対概念である形式知も、これを習得して実践に移すことは必ずしも簡単ではない。その形式化された知識を獲得するために、教育や訓練が必要となることが普通である。しかし、経済パフォーマンスや企業競争力が、移転や習得、さらには模倣がより難しく、時間もかかるこのような暗黙知の量と質に左右されることも事実だろう。そもそも、暗黙知自体が人々の行動の中に埋め込まれているため、その存在が認識されていないということも多い。

筆者は、これまで大学の外で仕事をする機会にも恵まれてきた。そして、様々な業界・業種の方々のお話を伺い、特に現場を拝見する度に、創意工夫に満ちた取り組みが至るところにあることに気付かされるのである。そうした一つ一つの積み重ねが、戦後の高度成長を支え、日本を世界に冠たる経済大国に押し上げた、という実感すら湧いてくる。これまでの長い経験で培ってきた実践の中にこそ、他者がなかなか模倣できない暗黙知があり、それがコア・コンピタンスの一つの大きな柱となっているのではないか、と思うようになった。

アジアとともに未来を築く

こうした思いを抱くようになった一つのエピソードとして、日本の政府開発援助（Official Development Assistance、ODA）の事例を紹介したい。

2015年度に外務省のODA評価「ベトナム国別評価（第三者評価）」が実施された。これにアドバイザーとして参加した。同案件は、前回の国別評価（2006年度実施）以降に、ベトナムで実施されたODA案件の妥当性や成果などを評価することを主目的とした。その評価の一環で、ベトナムにおける2週間にわたる現地でのヒアリング調査も実施された。現地では、いくつかのODAプロジェクトを集中的に取り上げ、ベトナム側受け入れ機関のみならず、現場に赴いて日本側実施機関・企業にも聞き取り調査を実施した。

そうした案件の中に、ベトナムの首都ハノイのノイバイ空港第二ターミナル（国際線ターミナル）もあった。これは、日本政府が受益国（ベトナム）にローンを供与し、その資金で開発事業を実施するという円借款事業の一つだった。その円借款事業の中でも、日本企業の優れた技術やノウハウ（本邦技術）を活用し、技術移転もするという条件で供与される枠組み（STEPローン）が使われた。

この案件を担当した日本の大手ゼネコンは、燃料供給・排水システムなど空港機能を支える諸機能の設計と施工に加え、建設にまつわる各種技術指導も行っていた。注目すべき点は、そうしたハード面の支援とともに、推奨作業手順や安全管理手法など日本的経営から生まれたソフト面に関わる暗黙知的ノウハウを、ベトナム側パートナーと協働することで移転していたことである。グローバル化時代において国際空港は、特に常時機能することが求められる基幹インフラである。空港ほどの複雑な機能を持つ設備は、いくら完璧に施工したとしても、運用しているうちにどこか不具合が生じるのが常である。そのため、ハコもの（空港の建屋や設備）がきれいに出来上がったとしても、そのうち発生するであろう種々の問題に対処できなければ、空港としての機能は維持できない。保守点検を含む、地味で裏方的な総合的管理能力が注目されることは少ないが、それらは日本が培ってきた強みの一つであり、「日本品質」を支える基礎でもある。本評価の最終報告書は、外務省ホームページに日・英・越の3ヵ国語で公開されている。そこにおいても、こうした日本が持つ豊かな暗黙知を活用した技術移転とODAの可能性を明記している。

日本が戦後の経済発展の中で豊かさを追い求め、試行錯誤とともに培ってきた数々の暗黙知は、他の形式化された技術と同様に大切な財産であり、一朝一夕に模倣できるようなものではない。変化の激しい時代だからこそ一度立ち止まり、自分たちの中に埋もれている暗黙知を掘り起こす作業をしてみてもよいかもしれない。その時、その価値を明らかにするためにも、自分たちの実践を相対化することが重要となる。そのプロセスにアジアのパートナーを巻き込むことが有効であるように思われる。

アジアの時代を生き抜くということは、アジアとともに未来を築くということでもある。先人から受け継いだ実践に宿る豊かな暗黙知を、21世紀の文脈に照らして再発見すること。変化を恐れず、しかし強みは自信を持って積極的に伸ばすこと。多極化し、変貌を続けるアジアを生きる術が、ここにある。

あとがき

本書執筆のきっかけは、私が主席研究員を務める一般財団法人アジア太平洋研究所（APIR）の「中所得国の新展開」プロジェクト（2016～18年度）である。当時APIRの研究統括をしておられた故林敏彦先生（大阪大学名誉教授）から同プロジェクトのリサーチ・リーダーとしてお声掛けいただいたのが、ことの発端である。中所得国の台頭がアジア経済にどのような本質的変化をもたらし、それが日本の将来展望にいかなる意味を持つのか。このような大きな問題関心に、グローバル・バリューチェーンという枠組みから迫ろうとした。そこで、そうしたアプローチを用いた研究実績のある関西大学の小井川広志先生と立命館アジア太平洋大学の夏田郁先生にリサーチャーとして加わっていただいた。

同プロジェクトではタイとマレーシア、さらには中国の深圳での調査を実施し、そこで得られた知見は本書にも反映している。メンバー数でいえば小さなプロジェクトだったが、APIRで開かれる所員を交えた研究会は、いつも熱い議論にわいた。この時に多くの刺激をいただいたが、何よりも私が自由にプロジェクトを舵取りするのを見守ってくださった林先生には、感謝の念が尽きない。またAPIR事務局からも、松川佳洋研究計画部長（現・広島経済大学）、村岡哲也研究推進部長、馬場孝志調査役（共に現・竹中工務店）、川本剣悟調査役にはお世話になった。特に馬場氏には深圳調査にも同行してもらった。同氏が台湾で培った中国語力をいかんなく発揮してくれたおかげで、現地調査もスムーズに運んだ。その深圳では、（株）ジェネシスホールディングスの藤岡淳一社長から現地のエレクトロニクスのエコシステムに関する貴重な話を伺うこともできた。併せて感謝申し上げたい。

本文でも何度か出てくるが、２０１８年３月に有斐閣から上梓した『現代アジア経済論』の編集・執筆過程も、本書の内容に強く影響した。21世紀のアジア経済を描いた新しい大学生向けの教科書を作ろうと遠藤環先生（埼玉大学）、伊藤亜聖先生（東京大学）、大泉啓一郎先生（現・亜細亜大学）と私の４名の編者が集まった。これにアジア経済を研究する若手・中堅研究者で、それぞれの分野をリードする共同執筆者6名とコラム担当の2名にも参加を呼び掛けた。本の刊行までの2年半の間、執筆者も交えた編集会議は15回を数え、会議はいつも7～8時間に及んだ。そこでの議論は白熱ゼミの様相で知的刺激に満ちており、私のアジア経済に対する視野も随分広がった。中でも遠藤先生と日本貿易振興機構（ジェトロ）アジア経済研究所の川上桃子先生それぞれとの共著章の執筆から得たものは多く、本書でもかなり直接的な形でそれが表れている。また伊藤先生には深圳調査のアポ取りも手伝っていただき、関連の記述部分にもコメントをいただいた。皆様には、ここに記して謝意を表したい。なお有斐閣の同書は、イギリスの学術出版社Routledgeからの刊行に向けて、現在鋭意英訳中である。

また慶應義塾大学の木村福成先生には、本書の冒頭から第4章までの草稿を読んでいただき、丁寧で適切なコメントをいただいた（第5章と終章は私の遅筆と原稿締め切りの都合上、読んでいただく時間をとることが叶わなかった）。木村先生は国際経済と経済統合に関する第一人者であり、ご研究の成果は本書でも随所に出て来る。名実ともに世界を飛び回っておられて大変お忙しいにも関わらず、拙稿に目を通して下さったのは身に余る光栄である。そして椎野幸平先生（拓殖大学）には、FTA・EPA利用に関する貴重な資料をいただいた。さらに、私を中央公論新社に紹介してくださったAPIR研究顧問の猪木武徳先生（大阪大学名誉教授）、一般向け書物の書き方から内容に至るまで多くの有益なコメントを下さり、出版まで手厚くサポートしていただいた中公新書編集部の田中正敏氏にも感謝申し上げたい。ありがとうございました。

本書を執筆していた際、いつも娘のはなと息子の草太を思い浮かべていた。日本とアジアの未来を担うのは、彼らのような若い世代である。自立するということは孤立するということとではない。それは、多様性の中で個性を最大限に発揮し、多くの仲間を得てともに支え合うことなのだ。共生のアジアには、そうした可能性が広がっている、と思うのである。本書を多くの方々に読んでいただければ幸いだが、そうした若い人たちにこの本のメッセージが届いてくれたら望外の喜びである。

最後に、いつも新しいことにチャレンジする私を無条件に応援してくれる父昌寿と母照恵、そして妻の昭子に本書を捧げたい。

2019年10月　大阪にて

後藤健太

終　章

国立社会保障・人口問題研究所（2017）『日本の将来推計人口（平成 29 年推計）』国立社会保障・人口問題研究所

マイケル・ポランニー（高橋勇夫訳）（2003）『暗黙知の次元』ちくま学芸文庫

Hausmann, Ricardo et al. 2013. *The Atlas of Economic Complexity: Mapping Paths to Prosperity 2nd ed.*, Cambridge: MIT Press.

済論』有斐閣、161-182 頁
遠藤環・後藤健太（2018）「インフォーマル化するアジア―アジア経済のもう１つのダイナミズム」遠藤環・伊藤亜聖・大泉啓一郎・後藤健太（編）『現代アジア経済論』有斐閣、183-206 頁
パスク・ポンパイチット・糸賀滋（編）（1993）『タイの経済発展とインフォーマル・セクター』日本貿易振興機構・アジア経済研究所
Acemoglu, Daron. 1998. "Why Do New Technologies Complement Skills? Directed Technical Change and Wage Inequality." *Quarterly Journal of Economics*, 1055-1089.
Alesina, Alberto and Dani Rodrik. 1994. "Distributive politics and economic growth." *Quarterly Journal of Economics,* 109（2）, 465-490.
Alesina, Alberto and Roberto Perotti. 1996. "Income distribution, political instability, and investment." *European Economic Review,* 40, 1203-1228.
de Soto, H. 1989. *The Other Path: The Invisible Revolution in The Third World*. New York: Harper & Row.
Goto, Kenta and Tamaki Endo. 2014a. "Upgrading, Relocating, Informalising? Local Strategies in the Era of Globalisation: The Thai Garment Industry" *Journal of Contemporary Asia*, 44（1）, 1-18.
Goto, Kenta and Tamaki Endo. 2014b. "Labor-intensive industries in middle-income countries: traps, challenges, and the local garment market in Thailand" *Journal of the Asia Pacific Economy*, 19（2）, 369-386.
Harris, J. R. and Michael P. Todaro. 1970. "Migration, Unemployment & Development: A Two-Sector Analysis" *American Economic Review*, 60（1）, 126-142.
Huang, Bihong; Morgan, Peter J.; and Naoyuki Yoshino. 2019. *Demystifying Rising Inequality in Asia*. Tokyo: Asian Development Bank Institute.
International Monetary Fund（IMF）. 2016. *Regional Economic Outlook: Asia and Pacific*. Washington, DC: IMF.
Jütting, Johannes P. and Juan R. de Laiglesia. 2009. *Is Informal Normal?* Paris: Organisation for Economic Co-operation and Development（OECD）.
Persson, Torsten and Guido Tabellini. 1994. "Is Inequality Harmful for Growth?" *American Economic Review*, 84（3）, 600-621.
Todaro, M. P. 1969. "A Model of Labor Migration and Urban Unemployment in Less Developed Countries." *American Economic Review*, 59（1）, 138-148.

scale industry" *Journal of Development Studies*, 31 (4), 529-566.
Schmitz, Hubert. 1999. "Collective efficiency and increasing returns" *Cambridge Journal of Economics*, 23 (4), 465-483.

第4章

川上桃子（2012）『圧縮された産業発展―台湾ノートパソコン企業の成長メカニズム』名古屋大学出版会
川上桃子・後藤健太（2018）「生産するアジア―グローバルな分業ネットワークと地場企業の発展」、遠藤環・伊藤亜聖・大泉啓一郎・後藤健太（編）『現代アジア経済論』有斐閣、72-93頁
清田耕造（2015）『拡大する直接投資と日本企業』NTT出版
小井川広志（2018）「第3章　マレーシア・パーム油バリューチェーンの拡大と日本企業の新戦略」後藤健太（編）『中所得国の新展開　東南アジアが主導するバリューチェーンの展開』アジア太平洋研究所資料18-6、27-54頁
新宅純二郎・天野倫文（編）（2009）『ものづくりの国際経営戦略』有斐閣
新宅純二郎・善本哲夫（2009）「液晶テレビ・パネル産業―アジアにおける国際分業」、新宅純二郎・天野倫文（編）『ものづくりの国際経営戦略』有斐閣、83-110頁
立本博文（2017）『プラットフォーム企業のグローバル戦略―オープン標準の戦略的活用とビジネス・エコシステム』有斐閣
西澤佑介（2014）「液晶テレビ産業における日本企業の革新と衰退」経営史学、49（2）、3-27頁
藤岡淳一（2017）『「ハードウェアのシリコンバレー深圳」に学ぶ―これからの製造のトレンドとエコシステム』インプレスR&D
Lee, Cassey and Sineenat Sermcheep (eds). 2017. *Outward Foreign Direct Investment in ASEAN*, Singapore: ISEAS Publishing.
Xing, Yuqing, and Neal Detert. 2010. "How the iPhone Widens the United States Trade Deficit with the People' s Republic of China." *ADBI Working Paper 257*. Tokyo: Asian Development Bank Institute.

第5章

浦川邦夫・遠藤環（2018）「不平等化するアジア―貧困から格差へ」遠藤環・伊藤亜聖・大泉啓一郎・後藤健太（編）『現代アジア経済論』有斐閣、229-253頁
遠藤環・大泉啓一郎（2018）「都市化するアジア―メガリージョン化する都市」遠藤環・伊藤亜聖・大泉啓一郎・後藤健太（編）『現代アジア経

日本評論社、125-172頁
後藤健太（2018）「アジアの新ダイナミズムと日本の発展戦略」『アジア太平洋と関西—関西経済白書〈2018〉』アジア太平洋研究所、80-85頁
スティーブン・ハイマー（著）、宮崎義一（訳）（1979）『多国籍企業論』岩波書店．（Hymer, S. H. 1976. *The international operations of national firms: A study of direct foreign investment*. Cambridge, MA: MIT Press.）.
Baldwin, Richard. 2016. *The Great Convergence: Information Technology and the New Globalization*. Cambridge, MA: The Belknap Press of Harvard University Press.（リチャード・ボールドウィン（著）、遠藤真美（訳）（2018）『世界経済　大いなる収斂－ITがもたらす新次元のグローバリゼーション』日本経済新聞社）
Feenstra, Robert C. 1998. "Integration of Trade and Disintegration of Production in the Global Economy," *Journal of Economic Perspectives*, 12 (4), 31-50.
Goto, Kenta; Natsuda, Kaoru; and John Thoburn. 2011. "Meeting the Challenge of China: The Vietnamese Garment Industry in the Post MFA Era" *Global Networks*, 11 (3), 355-379.
Goto, Kenta. 2014. "Vietnam: Upgrading from the Export to the Domestic Market" in Fukunishi, Takahiro and Tatsufumi Yamagata (eds) *The Garment Industry in Low-income Countries: An Entry Point of Industrialization*. Basingstoke and New York: Palgrave Macmillan, 105-131.
Goto, Kenta and Kaoru Natsuda. 2019. "The Thai Apparel Industry at a Crossroads: Industrial Decline, Restructuring, and Functional Upgrading Strategies" *Working Paper*, Faculty of Economics, Kansai University.
Goto, Kenta and Tamaki Endo. 2014a. "Upgrading, Relocating, Informalising? Local Strategies in the Era of Globalisation: The Thai Garment Industry" *Journal of Contemporary Asia*, 44 (1), 1-18.
Goto, Kenta and Tamaki Endo. 2014b. "Labor-intensive industries in middle-income countries: traps, challenges, and the local garment market in Thailand" *Journal of the Asia Pacific Economy*, 19 (2), 369-386.
Grossman, Gene M. and Esteban Rossi-Hansberg. 2006. "The rise of offshoring: it' s not wine for cloth anymore," *Proceedings*, Federal Reserve Bank of Kansas City, 59-102.
Ohno, Kenichi. 2009. "Avoiding the Middle-Income Trap: Renovating Industrial Policy Formulation in Vietnam" *ASEAN Economic Bulletin*, 26 (1), 25-43. 2.
Schmitz, Hubert. 1995. "Collective efficiency: Growth path for small -

日本自動車工業会（2015）『JAMAGAZINE 8 月号 vol.49』
早川和伸（2016）「第 6 章　自由貿易協定の利用」木村福成・大久保敏弘・安藤光代・松浦寿幸・早川和伸『東アジア生産ネットワークと経済統合』慶応義塾大学出版会、151-176 頁
松浦寿幸（2016）「第 4 章　生産ネットワークと生産性・雇用—海外直接投資の企業データによる分析」木村福成・大久保敏弘・安藤光代・松浦寿幸・早川和伸『東アジア生産ネットワークと経済統合』（慶応義塾大学東アジア研究所叢書）慶応義塾大学出版会、85-110 頁
渡辺利夫（1999）「アジア化するアジア—危機の向こうに見えるもの」『中央公論』1999 年 6 月号（第 114 巻第 6 号）、80-91 頁
ADB. 2011. *Asia 2050: Realizing the Asian Century*. Manila: Asian Development Bank.
Armstrong, Shiro Patrick. 2011. "Overview and issues" in Armstrong, Shiro (eds.) *The Politics and the Economics of Integration in Asia and the Pacific*. London: Routledge.
Helpman, Elhanan. 1984. "A Simple Theory of International Trade with Multinational Corporations." *Journal of Political Economy*, 92 (3):451-471.
Hiratsuka, Daisuke (eds.). 2006. *East Asia's De Facto Economic Integration*. Basingstoke: Palgrave MacMillan.
Markusen, James R. 1984. "Multinationals, Multi-plant Economies, and the Gains from Trade." *Journal of International Economics*, 16 (3-4):205-226.
OECD. 1979. *The Impact of the Newly Industrializing Countries on Production and Trade in Manufactures*. OECD Secretariat.（大和田悳朗訳（1980）『新興工業国の挑戦－OECDレポート』東洋経済新報社）
UNCTAD. 2019. *World Investment Report 2019*. Geneva; United Nations.

第 3 章
石川滋（2006）『国際開発政策研究』東洋経済新報社
川上桃子（2012）『圧縮された産業発展—台湾ノートパソコン企業の成長メカニズム』名古屋大学出版会
川上桃子・後藤健太（2018）「生産するアジア—グローバルな分業ネットワークと地場企業の発展」遠藤環・伊藤亜聖・大泉啓一郎・後藤健太（編）『現代アジア経済論—「アジアの世紀」を学ぶ』有斐閣、72-93 頁
木村福成（2003）「国際貿易理論の新たな潮流と東アジア」『開発金融研究所報』（14）、106-116 頁、国際協力銀行
後藤健太（2003）「繊維・縫製産業—流通未発達の検証」大野健一・川端望（編）『ベトナムの工業化戦略—グローバル化時代の途上国産業支援』

Trade in the Product Cycle." *The Quarterly Journal of Economics*, 80（2）, 190-207.

World Bank. 1993. *The East Asian Miracle: Economic Growth and Public Policy*. NY: Oxford University Press.（日本語訳：白鳥正喜監訳・海外経済協力基金開発問題研究会訳（1994）『東アジアの奇跡―経済成長と政府の役割』東洋経済新報社）

第2章

浦田秀次郎・早川和伸（2015）「日本の輸入における経済連携協定の利用状況」『貿易と関税』749号、4-18頁

遠藤環・伊藤亜聖・大泉啓一郎・後藤健太（編）（2018）『現代アジア経済論―「アジアの世紀」を学ぶ』有斐閣

大泉啓一郎・後藤健太（2018）「アジア化するアジア―域内貿易と経済統合の進展」遠藤環・伊藤亜聖・大泉啓一郎・後藤健太（編）『現代アジア経済論―「アジアの世紀」を学ぶ』有斐閣、29-50頁

大野健一・桜井宏二郎（著）（1997）『東アジアの開発経済学』有斐閣アルマ

外務省（2017）『外交青書2017』

木村福成（2016）「第7章　生産ネットワークとメガFTAs」木村福成・大久保敏弘・安藤光代・松浦寿幸・早川和伸『東アジア生産ネットワークと経済統合』（慶応義塾大学東アジア研究所叢書）慶應義塾大学出版会、177-208頁

木村福成・大久保敏弘・安藤光代・松浦寿幸・早川和伸（2016）『東アジア生産ネットワークと経済統合』慶応義塾大学出版会

黒岩郁雄（編）（2014）『東アジア統合の経済学』日本評論社

後藤健太（2014）「戦後アジアの国際生産・流通ネットワークの形成と展開」宮城太蔵（編著）『戦後アジアの形成と日本』中央公論新社、167-205頁

末廣昭（2000）『キャッチアップ型工業化論―アジア経済の軌跡と展望』名古屋大学出版会

関沢洋一（2008）『日本のFTA政策：その政治過程の分析』東京大学社会科学研究所研究シリーズ　No. 26

戸堂康之（2008）『技術伝播と経済成長』勁草書房

西口清勝（2004）「リージョナリズムの台頭とAFTAの新展開」北原淳・西澤信善（編）『アジア経済論』（現代世界経済叢書第4巻）ミネルヴァ書房、213-238頁

日刊自動車新聞社・日本自動車会議所（編）（2005）『自動車年鑑2005年版』日刊自動車新聞社

参考文献

第1章

伊藤亜聖（2018）「中国が変えるアジア―改革開放と経済大国・中国の登場」遠藤環・伊藤亜聖・大泉啓一郎・後藤健太（編著）『現代アジア経済論―「アジアの世紀」を学ぶ』有斐閣、51-70頁

今岡日出紀・大野幸一・横山久（編）（1985）『中進国の工業発展―複線型成長の論理と実証』研究双書337、アジア経済研究所

エズラ・F・ヴォーゲル（広中和歌子・木本彰子訳）（2004）『新版 ジャパン アズ ナンバーワン』阪急コミュニケーションズ（Ezra F. Vogel. 1979. *Japan As Number One: Lessons for America*. NY: Harper）.

大来佐武郎・原覚天（1954）『アジア経済図説』岩波新書

大野健一・桜井宏二郎（1997）『東アジアの開発経済学』有斐閣アルマ

梶谷懐（2016）『日本と中国経済―相互交流と衝突の100年』ちくま新書

梶谷懐・藤井大輔（2018）『現代中国経済論［第2版］』ミネルヴァ書房

加藤弘之・上原一慶（2004）『中国経済論』ミネルヴァ書房

後藤健太（2018）「キャッチアップ型工業化」『国際開発学事典』国際開発学会編、丸善出版、388-389頁

佐藤仁（2018）「分かちあうアジア―開発協力と相互依存」遠藤環・伊藤亜聖・大泉啓一郎・後藤健太（編）『現代アジア経済論―「アジアの世紀」を学ぶ』有斐閣、273-293頁

末廣昭（2000）『キャッチアップ型工業化論―アジア経済の軌跡と展望』名古屋大学出版会

末廣昭・安田靖（1987）『タイの工業化―NAICへの挑戦』アジア経済研究所

戸堂康之（2008）『技術伝播と経済成長』勁草書房

中村隆英（1993）『日本経済―その成長と構造（第3版）』東京大学出版会

橋本寿朗・長谷川信・宮島英昭・齊藤直（2011）『現代日本経済（第3版）』有斐閣アルマ

丸川知雄（2013）『現代中国経済』有斐閣アルマ

三重野文晴（2018）「資本がめぐるアジア―成長と資本フロー」遠藤環・伊藤亜聖・大泉啓一郎・後藤健太（編）『現代アジア経済論―「アジアの世紀」を学ぶ』有斐閣、94-118頁

宮城大蔵（2004）『戦後アジア秩序の模索と日本―「海のアジア」の戦後史 1957～1966』創文社

Vernon, Raymond.（1966）. “International Investment and International

後藤健太（ごとう・けんた）

1969年，福岡県生まれ．1993年，慶應義塾大学商学部卒業．伊藤忠商事，国連開発計画，国際労働機関勤務を経て，2008年，関西大学経済学部に着任．14年より関西大学経済学部教授．16年より一般財団法人アジア太平洋研究所（APIR）主席研究員を兼任．ハーバード大学修士（公共政策），京都大学博士（地域研究）．
著書『戦後アジアの形成と日本』（共著，2014年，中央公論新社）
『現代アジア経済論』（共編著，2018年，有斐閣）
など．

アジア経済《けいざい》とは何《なに》か
中公新書 *2571*

2019年12月25日発行

著　者　後藤健太
発行者　松田陽三

本文印刷　暁印刷
カバー印刷　大熊整美堂
製　本　小泉製本

発行所　中央公論新社
〒100-8152
東京都千代田区大手町1-7-1
電話　販売 03-5299-1730
　　　編集 03-5299-1830
URL http://www.chuko.co.jp/

Published by CHUOKORON-SHINSHA, INC.
Printed in Japan　ISBN978-4-12-102571-5 C1233

中公新書刊行のことば

いまからちょうど五世紀まえ、グーテンベルクが近代印刷術を発明したとき、書物の大量生産は潜在的可能性を獲得し、いまからちょうど一世紀まえ、世界のおもな文明国で義務教育制度が採用されたとき、書物の大量需要の潜在性が形成された。この二つの潜在性がはげしく現実化したのが現代である。

いまや、書物によって視野を拡大し、変りゆく世界に豊かに対応しようとする強い要求を私たちは抑えることができない。この要求にこたえる義務を、今日の書物は背負っている。だが、その義務は、たんに専門的知識の通俗化をはかることによって果たされるものでもなく、通俗的好奇心にうったえて、いたずらに発行部数の巨大さを誇ることによって果たされるものでもない。現代を真摯に生きようとする読者に、真に知るに価いする知識だけを選びだして提供すること、これが中公新書の最大の目標である。

私たちは、知識として錯覚しているものによってしばしば動かされ、裏切られる。私たちは、作為によってあたえられた知識のうえに生きることがあまりに多く、ゆるぎない事実を通して思索することがあまりにすくない。中公新書が、その一貫した特色として自らに課すものは、この事実のみの持つ無条件の説得力を発揮させることである。現代にあらたな意味を投げかけるべく待機している過去の歴史的事実もまた、中公新書によって数多く発掘されるであろう。

中公新書は、現代を自らの眼で見つめようとする、逞しい知的な読者の活力となることを欲している。

一九六二年一一月

中公新書

現代史

f3

27 ワイマル共和国　林 健太郎
478 アドルフ・ヒトラー　村瀬興雄
2553 ヒトラーの時代　池内 紀
2272 ヒトラー演説　高田博行
1943 ホロコースト　芝 健介
2349 ヒトラーに抵抗した人々　對馬達雄
2448 闘う文豪とナチス・ドイツ　池内 紀
2329 ナチスの戦争 1918-1949　R・ベッセル 大山 晶訳
2313 ニュルンベルク裁判　A・ヴァインケ 板橋拓己訳
2266 アデナウアー　板橋拓己
2274 スターリン　横手慎二
530 チャーチル（増補版）　河合秀和
1415 フランス現代史　渡邊啓貴
2356 イタリア現代史　伊藤 武
2221 バチカン近現代史　松本佐保

2538 アジア近現代史　岩崎育夫
2437 中国ナショナリズム　小野寺史郎
1959 韓国現代史　木村 幹
2262 先進国・韓国の憂鬱　大西 裕
1763 アジア冷戦史　下斗米伸夫
1876 インドネシア　水本達也
2143 経済大国インドネシア　佐藤百合
1596 ベトナム戦争　松岡 完
2330 チェ・ゲバラ　伊高浩昭
1664 1665 アメリカの20世紀（上下）　有賀夏紀
1920 ケネディ―「神話」と実像　土田 宏
2140 レーガン　村田晃嗣
2383 ビル・クリントン　西川 賢
2527 大統領とハリウッド　村田晃嗣
1863 性と暴力のアメリカ　鈴木 透
2479 スポーツ国家アメリカ　鈴木 透
2540 食の実験場アメリカ　鈴木 透

2504 アメリカとヨーロッパ　渡邊啓貴
2381 ユダヤとアメリカ　立山良司
2415 トルコ現代史　今井宏平
2163 人種とスポーツ　川島浩平

中公新書

経済・経営

経済・経営

g2

1700 能力構築競争　藤本隆宏
2275 アメリカ自動車産業　篠原健一
2245 鉄道会社の経営　佐藤信之
2436 通勤電車のはなし　佐藤信之
2426 企業不祥事はなぜ起きるのか　稲葉陽二
2468 日本の中小企業　関満博
2200 夫婦格差社会　橘木俊詔・迫田さやか
2377 世襲格差社会　橘木俊詔・参鍋篤司
1793 働くということ　ロナルド・ドーア　石塚雅彦訳
2364 左遷論　楠木新

中公新書

政治・法律

h2

108 国際政治（改版） 高坂正堯
1686 国際政治とは何か 中西 寛
2190 国際秩序 細谷雄一
1899 国連の政治力学 北岡伸一
2410 ポピュリズムとは何か 水島治郎
2207 平和主義とは何か 松元雅和
2195 入門 人間の安全保障 長 有紀枝
2394 難民問題 墓田 桂
2133 文化と外交 渡辺 靖
113 日本の外交 入江 昭
1000 新・日本の外交 入江 昭
2402 現代日本外交史 宮城大蔵
2366 入門 国境学 岩下明裕
1825 北方領土問題 岩下明裕
2405 欧州複合危機 遠藤 乾

2568 中国の行動原理 益尾知佐子
2172 中国は東アジアをどう変えるか 白石 隆 ハウ・カロライン
700 戦略的思考とは何か（改版） 岡崎久彦
2215 戦略論の名著 野中郁次郎編著
721 地政学入門（改版） 曽村保信
2566 海の地政学 竹田いさみ
2450 現代日本の地政学 日本再建イニシアティブ
2532 シンクタンクとは何か 船橋洋一
1272 アメリカ海兵隊 野中郁次郎